(Casi) Todo lo que sé del TDAH

Guillermo Iraola

(Casi)
Todo lo que sé
del TDAH

Pinolia

© Guillermo Iraola, 2024
© Editorial Pinolia, S. L., 2024
C/ de Cervantes, 26
28014, Madrid

www.editorialpinolia.es
info@editorialpinolia.es

Primera edición: marzo de 2024

Colección: Manuales prácticos
Depósito legal: M-33712-2023
ISBN: 978-84-18965-92-0

Maquetación: Irene Sanz
Diseño de cubierta: Alvaro Fuster-Fabra
Impresión y encuadernación: Liberdúplex, S. L.

Printed in Spain - Impreso en España

ÍNDICE

PRÓLOGO

Es un honor para mí prologar este cautivador viaje a través de las páginas del libro de Guillermo Iraola, dedicado a explorar las complejidades del Trastorno por Déficit de Atención e Hiperactividad (TDAH). Este proyecto promete ser una fuente valiosa para quienes buscan comprender más profundamente el TDAH y su impacto en la vida diaria.

Si Guillermo me pidió la redacción de este prólogo no fue porque yo conociese bien el TDAH, ni mucho menos. Soy físico de formación y de neurociencia sé lo que me atañe, tanto desde el punto de vista de profesor como de divulgador, y poco más. La razón está muy bien fundamentada: he conocido de primera mano la elaboración del manuscrito. Tuve la suerte de ser yo mismo quien contactase con él por primera vez, desde la editorial. Lo habitual es recibir el libro terminado después de pasado un periodo tras la firma del contrato, pero dadas las características del autor, decidimos acompañarlo capítulo a capítulo. Leería cada uno y se lo devolvería con algunas ideas. Las respuestas a mis aportaciones siempre mostraron una flexibilidad que me sorprendía, en el buen sentido. Y tengo que decir que, aunque se han dado situaciones complicadas, es una experiencia muy gratificante a la que, además, le debo mucho. Más de lo que puedes creer, como vas a descubrir pronto.

A lo largo de la creación de esta obra el propio autor dio muestras de inseguridades y se sumergió en crisis típicas del TDAH: problemas con plazos, formas de expresión, longitudes de los capítulos, contenidos, etcétera. Detalles que para muchas personas son nimios, para él eran una montaña que lo sumía en un mar de confusiones. Mantuvimos algunas videoconferencias, llamadas, audios y mensajes, en los que me contaba siempre todo tipo de cosas acerca de su vida y sus proyectos. Los cruces de correos han sido numerosos y, a veces, agotadores. Guillermo solía necesitar una respuesta rápida y eso se notaba. Lo digo desde el cariño, pues me ha pedido que sea honesto y cuente las cosas tal como han sucedido. Y es que, en sus correos, para darme un dato que podía resumirse en una frase, solía mandar párrafos interminables con detalles de todo tipo que no me aportaban demasiado. Ahora veo que se trataba de lo contrario: aportaban demasiado. Mis respuestas eran normalmente escuetas, iban al grano, muy meditadas, para intentar no confundirlo más. Se han dado momentos tensos, donde la paciencia se puso a prueba y, sin embargo, mantuvo la calma en todo momento, trazando un camino constructivo a través de las adversidades. Gracias a su saber estar y a tener las ideas claras este proyecto ve la luz. Me reclino ante su logro.

El interesante contraste es que este libro no se parece en nada a los farragosos correos que acabo de mencionar. Se distingue por su estructura sólida y su capacidad de establecer una conexión cercana con el lector, siempre con enfoques directos y evitando los rodeos. Su utilidad práctica y la facilidad para sumergirse en su contenido lo convierten en una herramienta valiosa para aquellos que buscan comprender mejor el TDAH. La narrativa de Guillermo, centrada en su propio descubrimiento del trastorno en la vida adulta, añade una capa de veracidad y relevancia que resuena con la realidad de muchos. ¿Alguna vez te has planteado si tienes TDAH? O si eres TDAH, según prefieras, que aquí hay debate para largo. El libro de Guillermo puede ser un punto de partida para responder algunas dudas.

En el trasfondo de este relato, comparto una experiencia única que aporta una dimensión especial: mi propia indagación sobre la posibilidad de tener TDAH. Tal vez el lector se esté preguntando si he descubierto que tengo TDAH. La verdad es que alguna vez había asaltado mi mente dicho escenario, pero las lecturas pausadas de los capítulos que me iban llegando descartaron por completo la búsqueda de un diagnóstico al respecto, abriéndome los ojos a otra realidad: la búsqueda de otros diagnósticos en la edad adulta. Porque notaba en mí características con espacios comunes con el TDAH, pero otras muchas que me hicieron moverme hacia otro lugar. Así que me embarqué en conocerme a mí mismo, gracias a esta fantástica guía que Guillermo Iraola ha elaborado.

El resultado, como digo, no fue TDAH. Este camino para mí concluyó con un diagnóstico de Trastorno del Espectro Autista de grado 1, lo que hasta hace poco se conocía como síndrome de Asperger. Sí es cierto que muchas veces me lo habían dejado caer personas de mi entorno por los múltiples rasgos y dificultades que he presentado toda mi vida, pero yo siempre lo negaba, afirmando categóricamente que tenía TDAH. Qué equivocado estaba. Este descubrimiento personal, guiado por la influencia de Guillermo, destaca la capacidad del libro no solo para explorar el TDAH, sino también para estimular la búsqueda de la autoconciencia y la comprensión individual.

Si quieres conocerte a ti mismo, a un familiar, a algún amigo o a un compañero de trabajo, esta es la guía definitiva. ¡Buen viaje!

Eugenio M. Fernández Aguilar

INTRODUCCIÓN

Hay varias formas de leer este libro. Quien tenga facilidad para la lectura puede pasar una hoja tras otra hasta llegar a la última, que sería *lo normal*. Como este trabajo va, en parte, dirigido a personas que, tal y como me pasa a mí, pueden tener dificultades para concentrarse, otra forma de asaltarlo sería empezando por los capítulos que más curiosidad despierten. A fin de facilitar esta segunda alternativa, se ha intentado distribuir el contenido en secciones independientes, incluso dentro de los propios capítulos. Así pues, encontraremos bloques técnicos algo densos, como los referentes a la medicación, y otros más amenos —por así decirlo— como pueden ser los pasajes autorreferenciales o los que contextualizan el TDAH en la historia de la humanidad. Estamos por tanto ante un trabajo poliédrico que toca muchos palos, a través del cual se ofrece una visión muy personal de lo que es el TDAH, y de lo que implica para alguien con una vida *aparentemente normal* descubrir, pasados los cuarenta, que muchas de las cosas que está viviendo, ha vivido y vivirá guardan relación con cuatro siglas de las que se sigue sabiendo más bien poco.

El prólogo de Eugenio, el asesor editorial al que convencí para todo este jaleo, explica a las claras lo que ha sido el proceso de gestación. Escribir todo un libro sobre TDAH desde la perspectiva del afectado es algo que va contra la propia naturaleza del trastorno, y a las inseguridades que acompañan a mis desórdenes habría que sumarles las propias del autor novel. Como bien dice Eugenio, la necesidad de asegurar cada paso me ha obligado a pedir consejo sobre casi todo. Una de sus primeras recomendaciones fue que lo último que escribiera fuese la introducción, que es precisamente el punto en que me encuentro. Quien opte por empezar el libro por alguno de los últimos capítulos encontrará una tercera forma de leerlo: se puede abrir por cualquier página y seguir leyendo hasta completar el círculo. Una segunda vuelta debería poner de manifiesto que esto es como esas películas que cuando se vuelven a ver revelan matices que habían pasado desapercibidos en un primer pase.

Descubro tirando de Wikipedia que Eugenio y yo somos del mismo año; formamos parte de esto que se conoce como la *generación X*, ubicada entre *boomers* y *millennials*. La particularidad de este colectivo de personas nacidas entre 1965 y 1981 es, a mi entender, que nos ha tocado ejercer de *generación bisagra* entre el mundo analógico y la sociedad digital y globalizada que habitamos hoy. Crecimos en una época donde la información disponible en lo que a salud mental infanto-juvenil se refiere brillaba por su ausencia, y estoy convencido de que esta circunstancia convierte a la *gen-X*, y generaciones previas, en candidatas a haber lidiado, sin saberlo, con condiciones mentales tan esquivas y difíciles de identificar como el TDAH o el trastorno del espectro autista al que se hace referencia en el prólogo.

La realidad del TDAH hoy no es la misma que la de hace tres décadas, donde estas siglas eran completas desconocidas. Ahora hay más documentación disponible. ¿Puede ser que demasiada? Actualmente, el acceso a la información supera exponencialmente al que tenían por aquel entonces en casa, en la escuela o en el ambulatorio, que eran los entornos donde se velaba por nuestra educación y salud. Vivimos una época radicalmente distinta, en la que la información nos bombardea en ráfagas de entre 10 y 30 segundos. Abundan las cuentas de Instagram y TikTok creadas por y para un público con interés tanto en el TDAH como en otras condiciones mentales, lo que es algo bueno y malo al mismo tiempo.

Se da la circunstancia de que la liberación de dopamina que proporciona el frenetismo de los nuevos entornos digitales hace al colectivo TDAH particularmente vulnerable al secuestro atencional que ejercen las pantallas, y me gusta pensar que los canales divulgativos actuales y este libro son en realidad complementarios. Por esta razón, me tomaré como una pequeña victoria personal cada vez que alguien de una generación posterior a la mía se lea uno solo de los capítulos que siguen a esta introducción.

Antes de empezar, veo necesario aclarar que no soy ningún especialista en la materia, y que no estamos, bajo ningún concepto, ante un manual para el autodiagnóstico ni mucho menos para el diagnóstico de terceras personas. A pesar de que publicar una guía de estas características dispare mi síndrome del impostor a niveles estratosféricos, redacto esta introducción como penúltimo paso del largo proceso de recopilar todo lo que he aprendido sobre el TDAH desde que me diagnosticaran hace cinco años ya, con el único propósito de que llegue a quien pueda encontrar útil mi experiencia.

CONTEXTO HISTÓRICO

Cuando un especialista me explicó detalladamente el informe de evaluación que identifica «rasgos congruentes con un trastorno por déficit de atención e hiperactividad» en las pruebas realizadas semanas antes, dejó caer un consejo a modo de advertencia. O una advertencia a modo de consejo, que lo mismo da.

Cinco años después, sigue siendo la mejor pista que se me ha dado hasta la fecha para gestionar mis desórdenes. Antes de este aviso ni siquiera me había dado cuenta de lo poco fiable que es mi noción del tiempo, mientras que hoy me veo programando mis días en base a pequeños ejercicios de gestión del tiempo, *time management* en inglés, como quien acude a rehabilitación tras un accidente.

La agnosia de tiempo, *time blindness* en inglés, será un tema recurrente a lo largo y ancho de este ensayo. Por lo visto, muchas personas con TDAH —no todas ni en igual medida, pero a mí me ha tocado de pleno— tenemos la noción del tiempo mal ajustada. Entre otras cosas, esta disfunción cognitiva explicaría la tensa relación que mantengo con todo lo relacionado con la historia; una asignatura que siempre me ha gustado, aunque el sentimiento no haya sido mutuo.

CUESTIÓN DE TIEMPO

A pesar de mis limitaciones con la ubicación de eventos, la nota más alta que saqué a mi paso por la universidad fue en una asignatura optativa llamada Historia de la Farmacia, donde parte de la nota final se correspondió con un trabajo escrito que llevaba por título *El opio en la historia y las novelas de viaje interior.* Conservo con cariño aquellas 28 páginas, donde se intercalan pasajes históricos relativos a la droga en cuestión y secciones menos ortodoxas con comentarios sobre el ensayo *Confesiones de un opiómano inglés,* de Thomas de Quincey, un escritor mancuniano de finales del siglo XVIII. Releo el trabajo de vez en cuando y me sigue pareciendo bastante decente para haberlo escrito con veinte años, sobre todo porque aquellos eran trabajos preinternet para los que había que documentarse en las bibliotecas.

Lástima que mis cualidades como investigador y narrador de historias se vieran perjudicadas por la nota del examen escrito. De mi época de estudiante recuerdo los exámenes que requieren tirar de memoria como grandes desafíos, donde las cifras rebotan dentro de mi cabeza antes de saltar al papel sin orden ni concierto. Memorizar fechas y ubicarlas nunca ha sido lo mío, las cosas como son, y con el crimen ya prescrito debo admitir que para lograr una de las calificaciones más destacables de mis años mozos como universitario tuve que acompañarme de la tradicional chuleta —quienes las hemos utilizado preferimos el eufemismo *apuntes de apoyo*—, donde llevaba todas las fechas clave perfectamente ordenadas. Espero conservar la nota después de esta confesión, porque fue una calificación muy trabajada.

A lo que íbamos. Aunque no en exclusiva, este ensayo pretende llegar a quienes padecen desórdenes similares a los míos, entre otros, agnosia de tiempo y problemas con los números o las matemáticas —discalculia—, que son limitaciones bastante frecuentes en el TDAH. Por esta razón, evitaré en la medida de lo posible bailes innecesarios de fechas, cifras y horquillas estadísticas de las que yo mismo haría una lectura superficial. Aun así, para evocar la historia del TDAH a través de la humanidad no ha quedado más remedio que recopilar algunos sucesos de manera cronológica, por lo que los capítulos que ubican el TDAH en el tiempo se han querido presentar de manera que yo mismo los pudiera entender. Serán páginas con mucho «a mediados del siglo pasado» y expresiones del estilo.

Poniendo la tirita antes de la herida, confieso también que simplificar tanto dato ha sido un reto importante para mis desavenencias con lo histórico, y que espero no publicar ninguna burrada. Aunque nunca se sabe. Aclarado esto, la evolución del TDAH como objeto de estudio empieza, según mis fuentes, en una pequeña isla de la Grecia clásica.

Respuestas aceleradas

Ahora vamos a pulsar el botón de rebobinar para detener la cinta en la antigua Grecia. Al sobrevolar Atenas, veremos por la ventanilla que están retirando el andamiaje de un Partenón recién construido. Aterrizamos en Cos, la islita cerca de Rodas donde el médico y filósofo Hipócrates funda la primera de las escuelas de su franquicia. Hijo y nieto de magos, el médico griego dedicará su vida a descifrar el delicado equilibrio entre salud y enfermedad, solo que, contradiciendo la tradición familiar, optará por hacerlo desde una perspectiva laica y desligada de lo sobrenatural.

Descartar las supersticiones como origen de nuestros achaques supone un giro importante, sobre todo considerando el plantel de dioses y diosas que hay en Grecia por estas fechas. ¿Y si las alteraciones de la salud tuvieran su explicación en descompensaciones de los fluidos y las vísceras que nos forman por dentro? Al no estar en manos de Zeus y su equipo titular…

¿podrían nuestros males ser evitables, o cuando menos, predecibles, controlables y tratables?

Sacando de la ecuación a la plantilla del Olimpo se aporta aire fresco al cofre donde aún hoy se encierran muchas disfunciones de tipo neurológico. ¿Qué pasa si las crisis epilépticas o las alucinaciones propias de la esquizofrenia no dependen de la ira de los dioses? ¿Qué secretos esconde la masa palpitante que alberga nuestro cráneo? Aristóteles, por poner un ejemplo de la competencia, ubica el intelecto y la personalidad en el corazón. Procesar las emociones y bombearlas a través de este órgano recalentaría la sangre, y el cerebro únicamente haría las veces de sofisticado serpentín donde refrescarla. En comparación, las aproximaciones hipocráticas son escandalosamente avanzadas.

Decenas de siglos antes de que se descubran los agentes patógenos o la neuroquímica, hay que decir que Hipócrates tira mucho de imaginación, por no decir que se inventa bastantes cosas. Aun así, que le debamos expresiones como «estar de mal humor» invita a la reflexión. Según la escuela de Cos, el equilibrio entre salud y enfermedad dependerá de la proporción y distribución de cuatro humores o fluidos circulantes, a saber: flema, sangre, bilis negra y bilis amarilla. Con base en esto… ¿podrían algunas alteraciones mentales estar originadas por una descompensación de fluidos neurológicos?

Aunque sus postulados rellenen los huecos del desconocimiento con mucha fantasía, parece que la escuela hipocrática empieza a dar con algunas claves. Vistas las dificultades atribuidas al cerebro TDAH en el equilibrio y aprovechamiento de neurotransmisores como la dopamina, aquí el de Cos puede estar apuntándose un buen tanto, ya que con independencia de cómo hayan aguantado el paso del tiempo sus teorías de los humores, relacionar los flujos neuroquímicos con ciertas alteraciones del comportamiento supone un giro providencial.

Por lo laborioso de sus métodos, Hipócrates está considerado en muchos ámbitos como el padre de la medicina contemporánea. A falta de estetoscopios y microscopios, que no se inventarán hasta miles de años después, la principal herramienta diagnóstica de la escuela hipocrática es la observación, donde cada caso reseñable va acompañado de una documentación meticulosa de los procedimientos empleados para su estudio y tratamiento, así como de unas conclusiones y recomendaciones que completan el informe. Los tratados hipocráticos serían por tanto el equivalente a los *papers* o artículos científicos de la actualidad; una recopilación inabarcable integrada por más de mil páginas atribuibles a decenas de autores, así como al propio médico. El tema es que, perdidos en este mar de observaciones que son el *Corpus hippocratticum,* podemos hallar apuntes que documentarán, por primera vez que se sepa, una manifestación clínica que presenta «respuestas aceleradas a experiencias sensoriales y una menor tenacidad», así como «almas que se mueven rápidamente hacia la siguiente impresión».

Además de ser la primera institución en describir oficialmente y por escrito sintomatología compatible con el TDAH, estas observaciones dejarán también constancia de alguna que otra recomendación para compensarla, que incluyen comer mucho pescado, hidratarse adecuadamente y hacer ejercicio de manera regular, consejos que no han perdido su vigencia hoy en día. Punto, set y partido para Hipócrates.

DOS MIL AÑOS DESPUÉS...

Entre el tímido cameo del TDAH en los tratados hipocráticos y la siguiente referencia en la literatura médica occidental hay un silencio de más de veinte siglos. ¿Acaso este lapso refleja que el trastorno dejó de existir entre los años que separan la antigua Grecia de la Edad Moderna? Está claro que no. Podría ser más bien que, hasta hace relativamente poco, el TDAH haya preocupado *lo justito*. Dicha falta de interés, al menos en lo documental, contrasta con los datos recientes de UNICEF que ubican esta condición mental entre los problemas psiquiátricos más diagnosticados a edades escolares a nivel mundial, junto con la ansiedad, la depresión y otros desórdenes de la conducta.

Nuestro salto de veintitantos siglos nos desplaza hasta la región de Baviera. Dejando atrás un Partenón que lleva cientos de años reducido a escombros, nos detenemos en 1775 para fijarnos en el trabajo del psiquiatra alemán Melchior A. Weikard, quien estudia el comportamiento de individuos «demasiado *distraibles*, ya sea por factores externos como por su propia imaginación».

Sacándose de la manga el poético término *Attentio volubilis*, esta *atención voluble* de Weikard describe personalidades impulsivas y disociadas de la realidad que van acompañadas de voluntades olvidadizas y poco persistentes. Todas estas características conforman en su conjunto un síndrome que, cuando se descontrola, aflora personalidades imprudentes, antisociales y conflictivas.

Melchior A. Weikard teoriza sobre una «desregulación de las fibras cerebrales»[1], interpretando que los tejidos neurológicos se pueden ejercitar igual que se hace con la masa muscular, al tiempo que achaca esta *atención voluble* a una cierta flojera mental. Según Weikard, la apatía motivacional a edades tempranas sería atribuible al relajo por parte de familias y docentes a la hora de motivar e inculcar valores, y el TDAH sería por tanto una cuestión de actitud. Si no se aplica una disciplina que ejercite las fibras cerebrales en edad escolar, la *atención voluble* se enquista, dando lugar a personalidades impulsivas y temerarias cuando se alcanza la adultez.

Rebatiendo a Weikard, el psiquiatra escocés Sir Alexander Crichton publicará unos veinte años después una obra

---

[1] Martinez-Badía, J., & Martinez-Raga, J. (2015). «Who says this is a modern disorder? The early history of attention deficit hyperactivity disorder». *World journal of psychiatry*, 5(4), 379–386. https://doi.org/10.5498/wjp.v5.i4.379

médico-psiquiátrica de tres volúmenes que dedica algunas de sus páginas a «la atención y sus dolencias». Apuntando a la misma sintomatología y manifestaciones que su colega bávaro décadas atrás, Crichton, sin embargo, relaciona los desórdenes que hoy conocemos como TDAH a supuestas «alteraciones en la sensibilidad de los nervios»[2].

Sir Alexander es más indulgente que su predecesor con pacientes y familia, y defiende que los desórdenes que merman la atención no tendrían tanto que ver con la educación o la disciplina, sino que pueden tanto «nacer con la persona»[3] como ser consecuencia de otras causas, como un traumatismo craneoencefálico en edad de crecimiento, por ejemplo. El golpe en la cabeza de toda la vida. Descartando como origen del TDAH la flaccidez moral sugerida por Weikard, las especulaciones de Crichton se dirigen hacia una naturaleza accidental o, sobre todo, congénita. Cincuenta años antes de las teorías de la genética de Mendel, esta es una perspectiva visionaria.

CUÉNTAME UN CUENTO

El enorme lapso entre los tratados hipocráticos de la antigua Grecia y las publicaciones de Weikard y Crichton de finales del XVIII se rellena a base de relatos menores popularizados a través de la tradición folclórica del boca a boca, con fábulas y moralejas que aún resuenan en la cultura occidental. El catálogo tradicional de cuentos infantiles con protagonistas disruptivos es inabarcable, y las lecciones que recogen se graban a fuego en el imaginario colectivo, saltando de generación en generación a fin de instruir en el arte de comportarse y saber

---

[2] Lange, K. W., Reichl, S., Lange, K. M., Tucha, L., & Tucha, O. (2010). The history of attention deficit hyperactivity disorder. *Attention deficit and hyperactivity disorders*, *2*(4), 241–255. https://doi.org/10.1007/s12402-010-0045-8

[3] Crichton, A. (2008). *An Inquiry Into the Nature and Origin of Mental Derangement. Journal of Attention Disorders*, *12(3)*, 200–204. doi:10.1177/1087054708315137

estar. Cuando hace doscientos años los hermanos Grimm versionaron el cuento popular *Hansel y Gretel*, el mensaje era claro y directo: si te escapas para ponerte hasta arriba de dulces sin permiso, te secuestrará una bruja y te devorará.

Un tercer salto en el tiempo nos lleva a mediados del siglo XIX, la época de Charles Darwin, Edgar Allan Poe, las bicicletas imposibles de ruedas enormes y los pesados ropajes victorianos. Es invierno, y podemos observar a Heinrich Hoffmann mesando su larga barba mientras pasea por las calles de Frankfurt. Busca sin éxito un libro que regalar a su hijo por Navidad. Como no le convencen los descafeinados cuentos de los hermanos Grimm o las tibiezas de Hans Christian Andersen, Hoffmann decide aunar sus conocimientos en el campo de la psiquiatría infantil y su afición por la ilustración autoeditando *Struwwelpeter*, una colección de cuentos ilustrados de mediados del siglo XIX que abunda en los peligros de no mantener la compostura.

Traducible como *Pedro Melenas*, la publicación es, como mínimo, perturbadora. Pedro es un chaval muy descuidado, con uñas de palmo y medio y una cabellera andrajosa que le dan un aspecto intimidante que lo condena a la marginalidad. En otro de los diez relatos que recopila la obra, el malvado Friederich disfruta torturando animales. El destino de Paulina, aficionada a jugar con cerillas, es bastante predecible. A Konrad, incapaz de sacarse los dedos de la boca, le amputan los pulgares a tijeretazos, mientras que el joven Kaspar fallece a causa de los trastornos de conducta alimentaria que padece. Por último, tenemos al despistado Hans, que nunca mira por dónde pisa y acaba con sus huesos en el río. En su portada original, este compendio está recomendado para niños de tres a seis años. En palabras del propio Hoffmann «el gato escaldado, del agua fría huye», con lo que la cosa es asustar. En general, los relatos tradicionales son una forma de educar a través del miedo.

Igual que sucede con los libros infantiles de éxito actuales, *Pedro Melenas* tendrá su continuidad, ya que Hoffmann seguirá escribiendo artículos satíricos y cuentos infantiles, se piensa que bajo varios pseudónimos para evitar interferencias en su ejercicio como psiquiatra especialista en desórdenes mentales. Años después, asumirá la dirección del Seckenberg Institut, un hospital psiquiátrico especializado en el tratamiento y cuidado de pacientes con esquizofrenia.

Además de un tebeo traumático, *Pedro Melenas* es también un documento histórico que muchos reconocen como el primer folleto de pediatría psiquiátrica jamás publicado, razón por la que se cita mucho en los artículos que contextualizan el TDAH en la historia. Tal es la importancia de esta publicación que en Frankfurt cuenta hasta con museo propio.

BAILE DE NOMENCLATURAS

Cuando la época victoriana toca a su fin, la llegada de la Revolución Industrial trae consigo importantes progresos en el campo de las técnicas automatizadas de reproducción gráfica. Invenciones como la linotipia, la rotativa continua o la litografía favorecen que revistas como *National Geographic* o el semanario médico-científico *The Lancet* se vuelvan más accesibles., y es en este contexto donde el pediatra británico George F. Still publica, en 1902, sus observaciones en torno a lo que denomina un «defecto anormal del control moral»; un término que no podría ser más ofensivo.

En sus escritos, Still —curiosamente, 'quieto' en inglés— describe los comportamientos acelerados y desafiantes de una efervescente veintena de escolares «excesivamente emocionales, apasionados e incapaces de aprender de las consecuencias de sus actos». Relacionar estos comportamientos con una «discapacidad en la moral y la fuerza de voluntad» señala la falta de actitud como origen de dichas personalidades, lo que retrocede el argumentario a los postulados de Melchior A. Weikard de un siglo atrás.

En resumidas cuentas, Weikard y Still responsabilizan a los entornos familiar y educativo —factores ambientales— de los desórdenes de estos pequeños terremotos.

Dado el músculo editorial de *The Lancet*, publicar un artículo en sus páginas lleva implícita una cierta credibilidad, por lo que las observaciones de Still se toman a menudo como el punto de partida oficial en la divulgación de los misterios del TDAH, aunque, como ya se ha dicho, exista literatura médica específica previa.

Es justo por tanto reseñar definiciones anteriores a la de Still en *The Lancet*, a pesar de no haber tenido su misma repercusión. Hay más descripciones, como las recogidas allá por 1809 en las *Observaciones sobre la locura y la melancolía* del boticario londinense John Haslam. En sus páginas se detalla el comportamiento de un niño cuya impulsividad descontrolada y personalidad destructiva lo convierten textualmente en «el terror de la familia». También sería previa a la publicación de Still la idea de hipermetamorfosis acuñada en 1859 por el alemán Heinrich Neumann, quien apunta a «exaltaciones en la atención» de pacientes que viven «en perpetuo movimiento».

Unos cien años antes del informe de *The Lancet*, el pionero psiquiatra estadounidense Benjamin Rush —curiosamente, apresurar en inglés— se adelantaba a Still documentando tres casos de pacientes con «una organización defectuosa en aquellas partes del cuerpo que están ocupadas por las facultades morales de la mente», además de una «total perversión de las facultades morales»; descripciones que, hoy en día, le valdrían la cancelación inmediata en todas las redes sociales. También al otro lado del charco, el descriptivo término «la voluntad explosiva»[4] del filósofo y psiquiatra William James da cuenta

---

[4] James, W. (1890). *The principles of psychology, Vol. 1*. Henry Holt and Co. https://doi.org/10.1037/10538-000

de un perfil donde los impulsos se transforman en actos «tan rápidamente que la inhibición no tiene tiempo de surgir».

Al «defecto del control moral» de George F. Still le sucederán pintorescos términos algo más amables, como el de los «niños revoltosos que mariposean» descritos cinco o seis años después por el psiquiatra catalán Augusto Vidal i Perera en el marco de su *Compendio de psiquiatría infantil*.

En términos generales, hasta ser reducida a los acrónimos que hoy manejamos —TDAH en castellano, ADHD en inglés— esta condición mental ha contado con innumerables denominaciones, a cuál más obsoleta: disfunción cerebral mínima, hiperquinesis infantil…

Tanto cambio de nomenclatura no favorece al estudio del fenómeno, desde luego, y diría que el cien por cien de las personas afectadas renegamos incluso de la terminología vigente. Recién cumplidos los cinco años de mi propio diagnóstico, me sumo a las voces que proclaman que el mal llamado déficit de atención consiste más bien en una incapacidad para la regulación de esta. Se hablará largo y tendido de esta desregulación en los capítulos que siguen.

A LAS PUERTAS DE LA FARMACOTERAPIA

Ya en el siglo XX, las investigaciones que hacen merecedor del Nobel a nuestro Santiago Ramón y Cajal —ilustre neurólogo, antes incluso de existir la neurología— derivan en el hallazgo de los neurotransmisores, que son las moléculas que posibilitan la comunicación entre neuronas. Al aislamiento de la acetilcolina en los años veinte, que le valdrá otro Nobel a Otto Loewi, le seguirán un sinfín de ensayos con todo tipo de principios neuroactivos, naturales o sintéticos.

Los efectos estimulantes de sustancias como la efedrina darán pie a los primeros ensayos con sus derivados anfetamínicos, llevados a cabo en correccionales de menores y centros de educación especial estadounidenses. Casi por casualidad, el psiquiatra Charles Bradley comprobará en 1937 los paradójicos efectos de las anfetaminas en pacientes del internado que dirige. La industria farmacéutica no tarda en hacerse eco del efecto apaciguador de las anfetaminas en parte del internado de la Casa Bradley, lo que abrirá la senda del tratamiento farmacológico del TDAH con psicoestimulantes, que es hoy la alternativa terapéutica de referencia. Del grandísimo negocio que suponen actualmente estas terapias no hace falta ni hablar.

MI AMIGO SAM

Por definición, la prehistoria es el periodo de la humanidad anterior a la escritura. Esto significa que no hay disponibles documentos de la época que dejen constancia de rasgos compatibles con lo que actualmente conocemos por TDAH, o de cómo estos rasgos podían obstaculizar la integración en sociedad de quien los manifestaba.

Para el último salto en el tiempo de este capítulo de tabarra histórica hay que rebobinar la cinta y detenerla entre el Paleolítico medio y el superior, hace unos 40 000 años. Entramos por tanto en el terreno de las especulaciones observando los movimientos de Sam, un adolescente con rasgos que actualmente se identificarían con los desórdenes propios del TDAH.

Considerando que el Paleolítico —homínidos que usan piedras— es un periodo que abarca unos tres millones de años en retrospectiva, cuatrocientos siglos tampoco es tanto tiempo, y las personas que poblaban el planeta se parecían bastante a las que lo ocupamos en la actualidad. Había diferencias, claro. Nuestro entorno era diferente y los recursos de los que disponíamos eran otros, igual que lo eran las responsabilidades individuales o los protocolos sociales, pero la cabeza la teníamos parecida. La caza de animales con armas rudimentarias ya es una práctica habitual; se llevan milenios desarrollando estrategias tácticas bien coordinadas, y es ley de vida que Sam aprenda dichas técnicas para asumir responsabilidades. Aunque lleva unas semanas intentando aprender de los cazadores expertos del clan, parece que la caza no es lo suyo, puesto que se trata de una actividad que requiere de altas dosis de paciencia y planificación, que no están precisamente entre las virtudes de nuestro inquieto protagonista.

No han pasado ni dos horas y la espera se hace eterna. Que Sam permanezca quieto, sencillamente no es posible, y esto es algo que molesta a sus mentores y compañeros de cacería. Escondido entre los arbustos, hace lo que puede por ser sigiloso. Como no se le escapa una, Sam es el primero en detectar movimiento al final de la ladera. Ya llegan los bisontes, qué nervios. Gesticula para avisar al resto. Les tira piedritas y agita los brazos señalando al horizonte en un estado de inquietud que no puede controlar, haciendo aspavientos que podrían echar a perder semanas de persecución. La reacción del grupo, que empieza a molestarse de verdad, es unánime: «¡Shhh!».

A buen seguro, esta interjección para mandar a callar será de las primeras de la humanidad. Confirmadas sus escasas habilidades para la caza, Sam se siente en la obligación de aportar algo al grupo para ser un miembro útil de la sociedad, y de cara a la próxima excursión propone quedarse en el poblado reparando algunas lanzas rotas. Cualquier cosa antes que arriesgarse a protagonizar una nueva reprimenda. Parece que no se le da mal. Ha golpeado las puntas para pulirlas bien y se ha dado cuenta de que calentando las piedras al fuego antes de hacerlo, el filo es más cortante. Trabaja tan rápido que le sobra tiempo para curiosear por los alrededores. En este paseo matinal, Sam resbala con unos higos que hay por el suelo y le da por echarse a la boca la pulpa que ha manchado su pie. Está bastante rica.

De vuelta al asentamiento, Sam reparte algunos higos antes de que llegue el grupo de cazadores, que se encuentran la aldea alborotada con tanta novedad. El recibimiento es inmejorable: junto a las dos lanzas reparadas y firmemente clavadas a un tronco reposa un buen montón de higos para el postre. También es la primera vez que ven un hacha así de afilada, herramienta que estrenan despiezando los jabalís a los que han dado caza. Admirados por el filo del hacha fabricada en una sola mañana, el grupo entiende que esta forma diferente de pensar y comportarse puede aportar importantes beneficios, y pone a prueba su destreza encargándole un nuevo lote de lanzas.

FUERA DE LA CAJA

¿Qué podría salir mal? Muchas cosas, en realidad. Animado por el éxito —lo que aquí llamamos venirse arriba—, Sam no puede evitar seguir experimentando y aligera las lanzas cambiando el cuerpo por cañas huecas y flexibles. «Así llegarán más lejos», piensa, pero el I+D no sale tan bien esta vez. Las lanzas son ahora demasiado ligeras, trazan parábolas distintas y apenas provocan heridas superficiales cuando alcanzan alguna de las presas. Un catastrófico lote de lanzas 2.0, que pone la credibilidad de Sam en entredicho:

«Te pedimos un lote de lanzas iguales y estas no sirven para nada. Hasta que tengamos herramientas en condiciones esta tribu pasará hambre, chaval. Queremos nuestras armas listas en dos días; más te vale que esta vez sean de calidad».

Llegados a este punto, a Sam no le queda más remedio que dejarse de experimentos y hacer las lanzas a la vieja usanza. Al cabo de unos meses, fabricar lanzas ya no tiene misterios para él. Aburrido de repetir lo mismo día tras día, cada vez tiene más tiempo para sus caminatas de reconocimiento del terreno, en las que descubre frutos del bosque de sabores sorprendentes. Arándanos, pequeñas bayas y carnosos hongos que a la brasa están para chuparse los dedos… tiene a la tribu fascinada con sus descubrimientos.

Pero allí donde hay ensayo hay error, y al que anda le pasa. Pongamos que en uno de sus paseos hasta la higuera Sam encuentra setas tóxicas. De sabor no están mal, pero como se descubrirá de madrugada, provocan dolores gastrointestinales insoportables, vómitos y diarrea. Otra vez ha metido la pata y en esta ocasión las consecuencias han sido todo un escándalo.

El comportamiento disruptivo y propenso a probar cosas nuevas del que hace gala nuestro imaginario protagonista es lo que en inglés se conoce como *to think out of the box*, o pensar fuera de la caja. Una forma de ser y actuar donde el aplauso depende directamente de los resultados. En una situación ideal, a Sam le asignarían tareas acordes a sus atípicas habilidades y se entenderían sus experimentos fallidos como parte del proceso, pero las situaciones ideales son eso… ideales. Sam está perdido si la tribu no lo acepta como es, y su vida empezará a trastornarse, no tanto por su forma de ser, sino porque se le mide por el rasero de quienes tienen un pensamiento más racional. Aquello que hace diferente a Sam, su imaginación, le confiere un carácter desconcertante e impredecible que bien podría costarle la expulsión. Eso sí… las lanzas y las hachas nuevas se quedan.

¿QUÉ (SE PIENSA QUE) ES EL TDAH?

Por una mezcla de curiosidad científica e identitaria, pero sobre todo por cuestiones de supervivencia y activismo, desde el día siguiente a mi diagnóstico hasta hoy he tratado de informarme en la medida de lo posible acerca de las cuatro siglas que me fueron asignadas.

Compartir estos aprendizajes publicando un libro tiene su complicación, no solo porque sea un tema relativamente novedoso para mí —tanto el TDAH como escribir libros—, sino porque además nos encontramos ante una condición mental rodeada de incertidumbre. Hay quien dice que el TDAH solo es uno, y hay quien diferencia tres variables, hablándose de subtipos con presentación inatenta, hiperactiva o de tipo combinado. También encontraremos diversidad de opiniones con respecto a las causas que lo originan.

Como investigador, la verdad es que he encontrado muy poca concreción aparte de la descripción unánime de los rasgos de hiperactividad e inatención que dan nombre al TDAH. Entiendo que alguna etiqueta hay que ponerle y que es algo que lleva milenios intentando hacerse, pero siempre que tenga ocasión insistiré en que la nomenclatura que identifica este trastorno en la actualidad lo describe solo parcialmente. Por empezar a argumentar esta creencia basada en una experiencia

31

personal e intransferible, lo suyo sería diseccionar letra por letra el acrónimo que resume las manifestaciones identitarias —o eso se supone— del TDAH.

Trastorno

Que la palabra *trastorno* tiene connotaciones negativas es algo incuestionable. Consulto mi viejo diccionario de la RAE para comprobar que remite directamente a la idea de las alteraciones mentales en tres de sus cinco acepciones, mientras que otras dos hacen referencia al orden de las cosas o la organización en sí misma. Ejemplo de esto último: si decimos «U, A, I, E, O» estaremos trastornando el orden de las vocales.

El diccionario que tengo sobre la mesa cuenta más de veinte años, así que echo —no vaya a ser— un vistazo a las definiciones *online* de la RAE para comprobar que no presentan grandes cambios al respecto. En líneas generales, un trastorno se caracteriza por «inquietar o quitar el sosiego». También puede «perturbar el sentido, la conciencia o la conducta […] acercando estos a la anormalidad». Mal empezamos. Según esto, la primera letra del acrónimo TDAH describe una condición mental que impide desenvolverse con normalidad a quienes la presentan. Sea lo que sea eso de «normalidad».

Echar mano del diccionario de sinónimos puede arrojar algo de luz sobre otras realidades del TDAH. Tengo aquí al lado también el *Gran diccionario de sinónimos y antónimos* (Espasa, 1989), que dice que la letra T de *trastorno* podría evocar ideas de «desarreglo, angustia, confusión, desorden, enredo, inquietud» o, simplemente, «lío». Con este puñado de sinónimos ya me identifico un poco más.

Está claro que los problemas para concentrarse y la agitación —mental o motora— son buenos indicadores para la detección del TDAH, pero si todo acabara ahí, este ensayo no pasaría de ser un breve artículo. En líneas generales, la palabra trastorno es tan ambigua que de primeras induce a pensar que el trastorno por déficit de atención e hiperactividad, aquello que «inquieta o quita el sosiego» a quien lo padece lo conforman precisamente la hiperactividad y el déficit de atención. Como cualquiera puede presentar comportamientos impulsivos y despistes en un momento dado —no son manifestaciones exclusivas del TDAH—, el término se presta a la minimización o la resta de importancia. En inglés lo llaman *to belittle*; en castellano el verbo sería apocar. Quitarle hierro al asunto, como si estas manifestaciones tan humanas no fuesen motivo suficiente como para provocar «angustia, confusión o inquietud». Al fin y al cabo «son cosas que nos pasan a todo el mundo, estás exagerando». Por esto resulta tan complicado explicar el TDAH a quien no lo tiene.

Las consecuencias del TDAH van mucho más allá de olvidarse las llaves del trabajo en el salón o presentar un excesivo ímpetu que en un momento dado pueda molestar. Un símil que no tiene nada que ver con estos desórdenes pero que puede complementar lo anterior sería que alguien con la piel, los ojos y el pelo muy claros le dijera a una persona albina: «Bueno, yo también soy muy sensible al sol... ¿has probado a echarte crema? Intenta no ir a la playa al mediodía, prueba a llevar gafas oscuras y un sombrero de paja; notarás la diferencia. No sé... come mucha zanahoria y me cuentas».

Si bien es cierto que los rasgos que dan nombre al TDAH son los más apreciables y molestos de toda su sintomatología —molestos para el resto, se entiende—, estos no serán perjudiciales hasta que no se acumulen suficientes problemas adaptativos o de salud derivados de los mismos. En el ejemplo del albinismo, los problemas de salud más frecuentes son oculares, pudiendo llegar a presentar una ceguera funcional en los casos más graves.

Entorno

Vivimos en sociedades diseñadas por y para personas neurotípicas, entendiendo por neurotípico o neuronormal el cerebro que funciona como el de la mayoría. Los ritmos de trabajo, las costumbres y normas sociales, los trámites burocráticos y todo lo que tenga que ver con la productividad y con ganarse la vida están diseñados para una mayoría con una configuración neurológica tipificada y estándar. Por otra parte, las personas neurodivergentes, que seríamos las que nos alejamos de esos parámetros, lo tenemos un poco más difícil para aguantar el tipo ante según qué ritmos, protocolos y costumbres.

Por puro desconocimiento, las neurodivergencias están sujetas a mucha incomprensión. Abusando del símil del albinismo, se da también el caso de que, aunque por nuestras latitudes estos accidentes genéticos generan empatía, en algunos países del África Oriental como Malawi o Tanzania dar a luz un «negro blanco» supone toda una maldición que condena a familias enteras a la marginalidad. Hasta existe un mercado clandestino que trafica con los huesos de los *inkawu*, que en las lenguas nguni de los zulús significa «babuino blanco».

Sin llegar a tales extremos, solo faltaría, lo cierto es que, en muchos países, y España es uno de ellos, existe un preocupante desconocimiento sobre el TDAH —mi médico de cabecera, sin ir más lejos, lo llama *el TAD*—, lo que va inevitablemente sujeto a una gran cantidad de prejuicios e incomprensión que terminan por apocar su sintomatología y discriminar a quienes lo padecemos. En vista de que resulta muchas veces imposible explicar lo que es el TDAH a quien no lo tiene, se invierte una gran cantidad de energía y recursos tratando de enmascarar sus rasgos nucleares con la única finalidad de adaptarse y encajar. En inglés lo llaman *masking*, que es otra de las palabras clave que se repetirán hasta la saciedad a lo largo de este trabajo. Como muchas veces estos esfuerzos adaptativos no son visibles ni apreciables, se juzga a las personas con TDAH por los momentos en que destaca el trastorno; en el caso que nos ocupa, los arranques de impulsividad o los deslices atencionales propios del mismo. En otras palabras: cuando bajamos la guardia y retiramos la máscara de personaje neurotípico es cuando se nos hace la cruz.

Una persona con TDAH no manifiesta permanentemente estos desajustes, y menos en público, donde se realizan importantes esfuerzos para prestar atención y amoldarse a los estándares. Con esto no quiero decir que la naturaleza del TDAH sea ir por la vida insultando a desconocidos, rompiendo ventanas a pedradas o soltando guantazos. Impulsividad también es entregarse en exceso a la mínima muestra de cariño, hacer comentarios inapropiados en lugares incorrectos o intentar salvar un balón que salta a la carretera sin valorar la posibilidad de provocar un accidente. En determinadas situaciones, ya sea por cansancio, frustración, o simplemente por sentirse en confianza para mostrar estas debilidades sin temor, se baja la guardia, y es entonces cuando, como dice el diccionario de la RAE, la conducta se acerca «a la anormalidad», lo que genera desconfianza y juicios de valor.

La T de trastorno tiene por tanto un importante componente de integración, y está condicionada por lo que entendemos por *normalidad*. Como sugiere el cantautor y poeta argentino José Larralde en su canción *Cosas que pasan,* tendemos a olvidar mil cosas buenas por una que salió mala, y es por estos destellos ocasionales alejados de *lo normal* por los que se cancela a la persona que, si baja la guardia, se mueve por impulsos.

La espontaneidad se tiene por una virtud siempre y cuando la cosa salga bien. Si no sale bien, se le llama impulsividad. Tener iniciativa será algo positivo mientras los resultados acompañen, pero si la impulsividad no llega a buen puerto o molesta a alguien, estos comportamientos suelen ser fuente de conflicto y motivo de cancelación. Hay gremios en los que la espontaneidad y la capacidad de pensar *fuera de la caja* se toman por valiosas cualidades. Hablo de profesiones creativas, pero también de personal sanitario y de emergencias, policía o personas que se dedican a la investigación, donde tener la capacidad de pensar, expresarse y actuar distinto no siempre supone un obstáculo. Encontrar la forma de considerar estas cualidades y darles su sitio beneficiaría al conjunto del sistema, pero esto no siempre suele ocurrir; la impulsividad se celebra cuando el plan funciona, pero el margen de error suele ser escaso. Si metes la pata, da igual si es una de cada cien veces, tu credibilidad queda en entredicho y dejas de ser fiable.

Finalmente, quiero destacar que el acrónimo inglés ADHD —*Attention Deficit and Hyperactivity Disorder*— me parece más benévolo. Igual es un capricho semántico, pero me resulta más cómodo hablar del TDAH en términos de desorden que de trastorno. Por resumirlo visualmente, entiendo mi TDAH como una habitación que se ha ido desordenando hasta volverse inhabitable. Ordenar más de cuarenta años de entropía me está costando lo suyo, pero dedicándole esfuerzos a diario empiezo a lograr mantener cierto orden, mientras que la palabra *trastorno* me resulta menos motivante y me recuerda a la condición crónica de la que en cierto modo se trata el TDAH. Son formas de verlo.

Déficit de atención

Aunque a veces se me pase algún compromiso marcado en rojo en la agenda o pierda el hilo, dudo mucho que quienes me conocen definan mi personalidad como *inatenta*. Por esta razón, solo puedo seguir este desglose cuestionando las siglas que remiten al déficit de atención.

Me conecto a una videoconferencia en una cafetería y una pareja discute a pocos metros. Por muy importante que sea la entrevista, en situaciones como esta mi cerebro establecerá prioridades *a su aire*, centrándose en aquellos estímulos novedosos que reclaman su interés y anteponiéndolos a lo que se supone que es lo principal. Al otro lado de la pantalla notarán que estoy pendiente de otra cosa, mientras que la pareja que discute frente a mí se molestará porque soy incapaz de apartar mis sentidos de su riña. Es superior a mis fuerzas. Aunque lleve auriculares para la reunión, lo que escucho al otro lado de la conferencia son palabras sueltas, ya que mi cerebro opta por interpretar el lenguaje no verbal de la pareja para ver si es capaz de averiguar algo más. También detecta que la situación está incomodando al resto de la clientela. La señora de la mesa de al lado se levanta y se va, al encargado del establecimiento le falta poco para intervenir... Con tanta información alrededor, mi cerebro tiene que realizar grandes esfuerzos para priorizar y centrarse en lo que ocurre al otro lado de la pantalla.

Por si esto fuera poco, a las interferencias atencionales que generan los estímulos externos hay que añadirles el flujo incesante de ruido interno. Ideas, ocurrencias y pensamientos de cosecha propia que se unen a los estímulos del exterior. «¿Y si me pongo de espaldas a la discusión? No, porque entonces se verá el espectáculo de fondo. Mejor me pongo en ángulo con la excusa de que no me llega bien la señal. Sí haré eso». El cerebro TDAH que me ha tocado está pendiente de todo lo que acontece, y en permanente búsqueda de soluciones para esquivar o cambiar lo que altera su entorno, que es casi todo.

Las dificultades con la regulación atencional se interpretan a menudo como signos de mala educación, falta de profesionalidad o, directamente, desinterés y menosprecio. Tanto en mis años de estudiante como en casi todos los oficios que he desempeñado, estas limitaciones para centrarme en *lo importante* han sido fuente de vergüenza, discusiones y no pocos correctivos, incluido el despido laboral.

Aparte de ser más difícil concentrarse, esta concentración se puede perder con facilidad, por lo que es habitual que cerebros así se tomen un respiro de vez en cuando. Las desconexiones puntuales se describen a menudo mediante el verbo inglés *to zone out* —quedarse fuera de juego— que responderían al recurso instintivo de pulsar el botón del *mute* para silenciar por unos instantes un ruido mental que puede llegar a ser una fuente importante de ansiedad. Esto de quedarse en blanco de vez en cuando me pasa bastante, y tengo mil recursos para compensarlo con disimulo: «Perdonen, se me ha ido el wifi por unos momentos... ¿de qué estábamos hablando?».

Hay quien defiende —yo lo hacía cuando me diagnosticaron— que más que un déficit de atención lo que hay es un exceso de esta. Habría que matizarlo, ya que un exceso de atención capacitaría a mi cerebro para atender simultáneamente a la videoconferencia y a la discusión, que no es el caso. La capacidad atencional de un cerebro TDAH, al menos del mío, está preparada para rastrear el entorno permanentemente y detectar el peligro o lo novedoso, movilizando el alma sin remedio hacia la siguiente impresión tal y como apuntaba la escuela hipocrática.

EXCESO DE ENFOQUE

Quiero insistir en que, aun teniendo TDAH, prestar atención es algo que se puede lograr y se logra, igual que se consigue inhibir el impulso de arruinar definitivamente la conferencia pegándoles cuatro voces a quienes están dando el espectáculo en medio del bar, pero requiere de ciertos esfuerzos.

Personalmente me uno a las voces que relacionan el TDAH con una atención desregulada, y no tanto a un déficit de esta. Cuando hay varios focos de atención, a un cerebro como el mío le cuesta mayores esfuerzos priorizar. Puede conseguirlo, pero se cansa más, y no le quedan fuerzas para nada que no sea concentrarse. Se puede seguir una videoconferencia en una situación como la descrita, incluso hacer anotaciones por si surge alguna pregunta, pero lo de intervenir con aportes estructurados ya sería otro cantar. Parece que se está, pero solo se está a medias.

La cara menos conocida del TDAH de esta capacidad atencional fluctuante se define a través del término anglófono *hyperfocus*, que en castellano se puede traducir como hiperenfoque o hiperfoco. En adelante se hablará bastante de esto, empleando sobre todo el segundo vocablo. El estado de hiperfoco no es otra cosa que quedarse con la atención atascada en algo o alguien; un trance mental del que cuesta salir que es el pan de cada día en la vida de una persona con TDAH. Los episodios de hiperfoco ocurren continuamente, pero como son menos apreciables a simple vista, no son tan llamativos ni conflictivos como los despistes. Estamos hablando de bloqueos mentales donde la atención se clava sin distracción posible y por tiempo indefinido sobre una actividad en particular.

Cuando el hiperfoco toca techo, ni siquiera el hambre, la sed o las ganas de ir al baño lo desactivan. Igual que perder el hilo no es algo exclusivo del TDAH, tampoco lo son los estados de hiperfoco, que son comparables a cuando nos cegamos jugando al Tetris o nos enganchamos de una persona que nos gusta. Domingos de lluvia en los que se devoran de una sentada tres temporadas de la serie del momento, escuchar seis veces seguidas la misma canción… el hiperfoco es lo que pasa cuando se nos pasa el tiempo volando mientras coloreamos mandalas o hacemos punto de cruz, que son actividades que nos abstraen del entorno y nos impiden pensar en nada más.

Precisamente por estas dificultades de regulación atencional, se ve que en el TDAH el riesgo a que la atención se atasque con cualquier cosa es mayor. Según mi experiencia, diría que el estado de hiperfoco se presenta con mayor frecuencia e intensidad que los despistes, solo que, a diferencia de estos segundos, el empecinamiento suele pasar desapercibido o se le resta importancia, sobre todo porque estas fijaciones aparecen en la intimidad. Aparte de la familia, puede dar fe de mis episodios de hiperfoco cualquier persona que haya mantenido conmigo una relación de tipo afectivo o laboral.

Si el déficit de atención es la cara más notoria y molesta del TDAH, el hiperfoco es la cruz de la desregulación atencional que lo caracteriza. Cuando los episodios de hiperfoco se orientan a algo productivo, a veces incluso se elogian. Si se es excesivamente detallista, o si se realiza el trabajo de tres días en una tarde, la parte que se beneficia de estos episodios lo celebra y hasta se malacostumbra, dando por hecho que el hiperfoco es una cualidad constante: «Vaya, le has metido caña. Fantástico. Toma más trabajo». También hay veces en las que puede resultar molesto. Una de mis exparejas de la etapa pre-diagnóstica, por ejemplo, insistía en llamarme *morral* —lo hacía cariñosamente, esto no me ofendió— cada vez que me poseían estos encierros mentales que echan a perder toda una tarde configurando una impresora que se resiste, cambiando los muebles de sitio por tercera vez en lo que va de mes o poniendo el salón patas arriba en busca de un DVD que lleva años sin aparecer.

La diferencia es que la mayoría de los episodios de hiperfoco perjudican a quien los experimenta, o como mucho, a quien los presencia. Como mecanismo de defensa, es habitual disfrazar estos tesones desmedidos tirando de sentido del humor: «Bueno, ya sabes… además de vasco, soy un tauro de manual. No pararé hasta que lo resuelva». Hoy entiendo mis episodios de hiperfoco como estados mentales obsesivos opuestos al déficit de atención, que secuestran mi enfoque privándome de otras cosas.

Reorganizar la colección de discos por orden emocional, sacar punta a todos los lápices de la casa… podría tirarme horas enumerando mis *morralismos* más recientes, que antes entendía como una virtud y ahora pongo a la altura del déficit de atención. Igual que me he acostumbrado a utilizar un cronómetro para cumplir sin distracciones con tareas poco motivantes, utilizo la misma técnica cuando hago algo que me gusta o interesa. Si me enfrasco en un diseño con el Photoshop, pita la alarma y me apetece seguir, pues sigo, pero al menos sé que han pasado cuarenta minutos, cosa que antes se me escapaba.

En vista de que mis desórdenes me han ido apartando de la sociedad neurotípica, no me queda más remedio que aceptar de mala gana la T de *trastorno*, pero no veo apropiada la visión sesgada del TDAH que aportan las siglas DA. Al no ser tan llamativos y problemáticos como los episodios de déficit de atención, ni tener en apariencia su misma gravedad o consecuencias, las siglas TDAH excluyen al hiperfoco, quedándose la información a medias. El acrónimo TDAH induce a confusión, ya que invita a pensar que el único problema atencional son los despistes y la hiperactividad.

¿Disperso yo? Pues de vez en cuando. Catalogar el TDAH como un problema de déficit de atención consideraría únicamente la parte más molesta para el entorno; esas desconexiones atencionales que efectivamente se presentan ocasionalmente. Mi estado natural suele ser el de estar empecinado siempre en algo, pero lo disimulo bastante bien. Otras veces, demasiadas, me descubro orientando este hiperfoco a las relaciones personales, desviviéndome por los demás en busca de aceptación. A esta actitud entregada y servicial tan típica del TDAH —que en inglés recibe el nombre de *people pleasing*— no se le pone tantas pegas.

HIPERACTIVIDAD

Como siempre he sido un culo de mal asiento, a la última de las cuatro letras del TDAH no puedo ponerle ningún pero. Tal y como lo vivo, la inquietud motora, la actitud desinhibida y la impulsividad hacen acto de presencia cuando bajo la guardia por cansancio, frustración o enfado, y adopto actitudes que pueden ofender a algunas personas de alrededor. También me muestro efusivo y espontáneo en los momentos de celebración o reuniones informales, lo que suele ocasionarme algún percance de vez en cuando.

Como fuente inagotable —y agotadora— de energía que es, la hiperactividad ni se crea ni se destruye, sino que cambia de registro con la edad. Es posible que los impulsos que me gobernaban de niño tengan el mismo origen neurobiológico que los que me asaltan ahora, pero sus manifestaciones han ido evolucionando con la edad, llevando ese ímpetu, por la cuenta que me trae, al foro interno. Siguen sin darme miedo las alturas, las aguas revueltas, las ortigas o las vías del tren, pero aquella fuerza incontenible que me impulsaba a explorar todos los rincones posibles ha cambiado de forma.

El TDAH adulto presenta la mayor parte del tiempo una versión enmascarada —volvemos al *masking*—, más discreta y difícil de detectar. Si de crío nunca me faltó una tirita en el codo, de mayor las he ido cambiando por accidentes de tráfico y esguinces varios hasta que, a base de escarmientos, he aprendido a contener esta fuerza impulsora. A mi edad ya no me da por trepar andamios, pero no por falta de ganas, sino por el instinto de quien se ha pegado varios trompazos haciéndolo. Las inquietudes siguen ahí, pero ahora son de tipo introspectivo.

Con la edad, las personas con TDAH intentamos movernos con precaución, reservando la hiperactividad motora para la intimidad del hogar, donde saltamos, bailamos y pensamos en alto mientras buscamos por toda la casa las llaves o el móvil dando vueltas sobre nuestro propio eje como pollo sin cabeza. Estas formas de expresión que permiten liberar la actividad sobrante son cosas que no podemos hacer en la calle o en nuestro puesto de trabajo. En público, la inquietud apenas se externaliza más allá de unas rodillas que se agitan sin control o tics nerviosos casi imperceptibles como el de acribillar el botón de un bolígrafo mientras se rellena un cuestionario: «Clic-clic-clic-clic-clic-clic-clic-clic». Esta externalización de la actividad sobrante en forma de movimientos repetitivos recibe en inglés el nombre de *stimming*; otro de los distintivos del TDAH para los que no encuentro traducción al castellano.

Un buen ejemplo de *stimming* sería el gesto de tocarse la cara, las manos y el cabello durante una entrevista de trabajo o tintinear la copa de vino con una cuchara mientras se intenta enfocar la atención en la carta de un restaurante. El *stimming* es como una válvula de escape para la hiperactividad mental que se piensa que favorece la concentración: «¿Puedes dejar de hacer ese ruidito con la cuchara? Es muy molesto». Cada muestra de actividad que se reprime va añadiendo presión a la olla exprés del TDAH. Por muy balsámico que sea el *stimming* para el cerebro TDAH, no da buena imagen y puede resultar molesto, por lo que suele ser otro rasgo que se tiende a enmascarar.

Dicho esto, no solo no reniego de la H del TDAH, sino que defiendo esta sigla con orgullo. Mis inquietudes me han convertido en la persona que soy, y me gusta que así sea. Por muy incordiante que resulte a veces, ni quiero ni puedo renegar de mi naturaleza hiperactiva e impulsiva, aunque también es verdad que ahora entiendo que puede molestar a otras personas y me esfuerzo en moderarla. Luego llego a casa, pongo música, me pego tres baileteos y cuatro voces para liberar esa presión y sigo con mi vida.

Del mismo modo que el déficit de atención presenta en los episodios de hiperfoco su reverso menos conocido, la hiperactividad se complementa con situaciones en las que las funciones ejecutivas experimentan un entumecimiento físico y mental. En inglés lo llaman *ADHD freeze* (congelación TDAH); al cerebro TDAH le cuesta ponerse en marcha tanto o más que frenar, pero esta limitación no se tiene tan en cuenta por ser menos llamativa que la hiperactividad. Para explicar estos altibajos, suelo comparar las diferencias entre hiperactividad y parálisis ejecutiva o las alternancias de déficit de atención e hiperfoco con un termostato que no regula debidamente la temperatura del agua: unas veces nos duchamos con agua helada, mientras que otras nos abrasamos la piel. No hay término medio, pero como destacan más las quemaduras que el frío y el destemple, se define el TDAH con base a la hiperactividad y el déficit de atención, cuando lo correcto sería explicarlo en términos de desregulación y contrastes.

HILANDO FINO

Debido a este baile de ambigüedades entre salud mental y desorden, normalidad y anormalidad, es importante dejar claro que, aunque la nomenclatura del TDAH invite a pensar, como se ha dicho antes, que el problema principal lo conforman los rasgos de inatención e impulsividad, eso no sería todo. Ateniéndonos al vocabulario empleado por la comunidad TDAH *online* de habla inglesa, llama la atención la preferencia por el término *rasgo* —en inglés, *trait*—, por encima de la palabra *síntoma* —*symptom*, en inglés—, que se suele evitar en la medida de lo posible. Desde que alguien me corrigió este detalle para aclararme la diferencia entre rasgos y síntomas, entre personalidades y patologías, trato de ser más cuidadoso con las palabras. La sintomatología del TDAH es la que es, pero en vista de que la palabra *síntoma* va inevitablemente asociada a la idea de enfermedad, coincido con el variopinto club al que pertenezco en que no es bueno asociar los rasgos más llamativos de nuestra forma de ser —incorregibles, aunque enmascarables— con la idea de la enfermedad.

Aunque a mí me den un poco igual las etiquetas o las palabras que se empleen, lo cierto es que estar al corriente de estos términos ayuda a tratar algunos asuntos sin ofender a nadie. En una sociedad cada vez más sensibilizada, la normalización del TDAH pasaría también por tener en cuenta detalles así. Esto no quita que el TDAH pueda llevar asociados problemas de salud, algunos de ellos muy graves —incluso mortales— que reciben el nombre de enfermedades comórbidas o comorbilidades. El término refiere a problemas que van desde episodios depresivos, ansiedad hasta adicciones a diversas sustancias, legales o no, por poner algunos ejemplos. Problemas con el juego, especialmente las apuestas *online*, tendencias autolíticas o suicidas... Sin ser elementos presentes en todos los casos de TDAH, estas comorbilidades son preocupantemente habituales. La variedad es amplia, y se pueden presentar dolencias comórbidas aisladas o combinadas entre sí. El combo alcoholismo y adicción al juego, por ejemplo, es de los más frecuentes. O el de la ansiedad y trastornos de la conducta alimentaria. Las comorbilidades varían en función de la persona y los factores ambientales —sociales, culturales— que la rodean, y el gran problema de estos males añadidos es que pueden eclipsar la sintomatología nuclear del TDAH, retrasando el diagnóstico o, en el peor de los casos, impidiéndolo.

DIAGNÓSTICO

Como tantos otros problemas de salud mental, el TDAH no es un fenómeno observable, ni se puede detectar mediante análisis de sangre como con la diabetes o la anemia. Tampoco hay evidencias genéticas irrefutables que expliquen su naturaleza como sería el caso de la hemofilia o el síndrome de Down, ni disponemos de medios técnicos económicamente viables para escanear todos los cerebros en busca de peculiaridades neuroanatómicas que nos pongan sobre la pista de anomalías que apunten al trastorno de forma inequívoca. Aunque todo indique que el futuro del diagnóstico del TDAH se respaldará en pruebas de marcación genética y técnicas de neuroimagen, de momento esto no es posible.

En la actualidad, la presencia y gravedad del TDAH se establece con base en cuestionarios que permitan indagar los comportamientos impulsivos y vaivenes atencionales —tanto actuales como en la infancia y adolescencia— de quien se presente a las pruebas de detección. A modo de entrevista, se aplican cuestionarios estandarizados para que las personas afectadas hagan memoria. En caso de ser posible, cuando las pruebas se realizan a personas adultas se pide también a familiares y parejas sentimentales que validen dichos cuestionarios, por lo que se trata de valoraciones donde la subjetividad es determinante.

Estaríamos, de hecho, ante procesos diagnósticos doble o triplemente subjetivos, ya que la información recopilada la debe a su vez interpretar quien lleva a cabo dichas entrevistas.

Los cuestionarios se complementan con tests de memoria y atencionales, así que en todo el proceso diagnóstico son igualmente cruciales tanto la pericia de quien lleva a cabo el examen como el estado de ánimo y grado de concentración que presente la persona que acude, precisamente, a cuantificar la fragilidad de su memoria y su capacidad atencional. No son pruebas sencillas, vaya.

PRESENTACIONES, SUBTIPOS Y VICEVERSA

Aunque no haya un único protocolo para la detección del TDAH, el de referencia se basa en los criterios que propone desde mediados del siglo pasado la Asociación de Psiquiatría Americana —abreviado, APA— en su *Manual Diagnóstico y Estadístico de los Trastornos Mentales*, más conocido como manual DSM por sus siglas en inglés. Como su propio nombre indica, el manual DSM hace las veces de guía para identificar problemas de salud mental de todo tipo.

Aunque en la primera edición de dicha publicación no haya rastro del TDAH ni nada que se le parezca, cada cierto tiempo la APA revisa y actualiza los *criterios DSM* para adaptarlos a los tiempos que corren, y ya desde su primera actualización —la DSM-II, publicada quince años después de la versión inicial— se incluye orientación específica para el diagnóstico de lo que vino a denominarse trastorno hipercinético impulsivo.

Las revisiones de los criterios DSM recuerdan un poco a las actualizaciones del sistema operativo Windows, donde no todas las novedades son necesariamente útiles o beneficiosas. Una de las actualizaciones más polémicas es la realizada en el año 1994, incluida en la ya obsoleta versión DSM-IV, donde la APA diferencia tres clases de TDAH en función de que se observen en el momento del diagnóstico rasgos mayoritariamente inatentos, esencialmente hiperactivos o ambos por igual. Es decir, que se estableció que existen tres subtipos de TDAH: el inatento —o déficit de atención a secas—, el de tipo hiperactivo/impulsivo y el combinado.

Este criterio de separar el TDAH en subtipos ha tenido su vigencia durante casi dos décadas, y la nueva actualización —año 2013, DSM-5, más moderna y sin números romanos— matiza que la naturaleza de dichos subtipos no tiene por qué ser permanente. Ahora ya no se llaman subtipos, y la denominación correcta es *presentaciones*. Según la APA, este sutil matiz resuelve dos décadas de enfrentamientos poniéndose del lado de quienes defienden que existe un solo tipo de TDAH, y que este fluctúa según las circunstancias de cada persona en momentos determinados de sus vidas.

La controversia llega cuando a principios de este siglo, año 2002, el psiquiatra Joseph Biederman pone cifras a la prevalencia de estos tres subtipos de TDAH infantil en función del género, concluyendo que el porcentaje de niñas a las que se diagnostica un TDAH esencialmente inatento —sin signos aparentes de hiperactividad— duplica la prevalencia del mismo TDAH, llamémoslo introspectivo, en niños. El polémico informe de Biederman se hace eco de otro dato importante: sin importancia del subtipo que presenten, el TDAH se diagnostica tres veces más en niños que en niñas. Si ya es sospechoso que solo haya una niña diagnosticada por cada tres chavales, que encima estas sean mayoritariamente inatentas resulta más sospechoso todavía, y por eso está servida la polémica. Hay quien asegura, por ejemplo, que el hecho de que las niñas vayan, madurativamente hablando, un paso por delante con respecto a los niños podría explicar estos resultados.

¿Qué aportan entonces los diagnósticos por subtipo? ¿Son diferencias significativas o reflejan únicamente el momento vital y los recuerdos de cada paciente en el momento de realizarse las pruebas?

Ningún aspecto del TDAH queda libre de debate, pero si esta clasificación por subtipos es una de las grandes controversias alrededor del trastorno se debe sobre todo a que las diferencias de género evidencian realidades de tipo cultural. En vista de que las muestras de impulsividad son más disruptivas y molestas que las del déficit de atención y que siempre se ha corregido más el comportamiento impulsivo en el caso de las niñas, estos resultados podrían ser circunstanciales. Instruidas para *comportarse como señoritas,* cabría preguntarse si las participantes —en femenino— del estudio de Joseph Biederman se presentaron a las pruebas siendo ellas mismas o lo hicieron reprimiendo parte de su esencia.

Enmascarar el TDAH —otra vez el *masking*— y disimular sus manifestaciones es un acto inconsciente que influiría en el desarrollo de las pruebas diagnósticas, y que la asignación de la etiqueta de TDAH inatento, hiperactivo o de tipo combinado dependa de pruebas puntuales doble o triplemente subjetivas pone en tela de juicio la utilidad de la propia clasificación por grupos.

En el terreno del TDAH, con la semántica y la terminología da la impresión de estar pisando cristales constantemente. No es lo mismo diagnosticar TDAH de un subtipo concreto que determinar la presentación de este subtipo en particular en el momento de realizar las pruebas, por lo que, hoy en día, la versión oficial es que el TDAH es un trastorno camaleónico en continua transformación dentro de cada caso. Según mi experiencia —contrastada con otras personas con las que comparto un TDAH de diagnóstico tardío—, se atraviesan diferentes fases hasta que se va sustituyendo la inquietud motora por una hiperactividad mental que es mucho más difícil de detectar, pero que, a los efectos, también es una forma de hiperactividad.

Con el influyente psiquiatra Russell Barkley a la cabeza, toda una legión de especialistas considera erróneo establecer una clasificación inamovible en el momento del diagnóstico, y hoy la mayoría defiende —defendemos— que a lo largo de la vida el TDAH fluctúa entre cualquiera de sus tres presentaciones. Hay periodos de mucha hiperactividad, hay épocas en las que predomina el despiste y hay veces que la sintomatología nuclear se presenta en todo su esplendor. Teniendo en cuenta que otro estudio con Biedermann de por medio determinó en el año 2010 que las estadísticas igualan su distribución a edades adultas, toma fuerza la idea de que las manifestaciones del TDAH van cambiando con la edad.

Poner en tela de juicio una clasificación por subtipos de carácter permanente es defender la idea de que muchas personas —no solo las niñas— hemos recibido una educación orientada a mantener la compostura, y que ser obedientes y formales enmascarando nuestra esencia inquieta ha podido obstaculizar el diagnóstico del TDAH.

BIENVENIDO, MR. BARKLEY

Mi fugaz relación con el profesor Russell Barkley —una de las más reconocidas eminencias en el tema que nos ocupa— se produjo con nocturnidad y de forma inesperada. Supe que este señor existe después de que, una madrugada de hace ahora cinco años, me topara con un documental cuyo título apunté cuidadosamente en una libreta que, por supuesto, no encuentro. Ahí empezó mi viaje.

Este documental no me despertó mayor interés hasta que llegó el testimonio de un músico de unos cuarenta años que explicaba las características del trastorno neurológico que padecía desde la infancia. Todo lo que describía, su forma de percibir la música y de entender los procesos creativos, las dificultades que encontraba para relacionarse con los entornos social, laboral y familiar me resonaron con tal fuerza que anoté en la misma libreta extraviada las siglas *ADHD* sin saber que me acompañarían el resto de mi vida. Teclear esas cuatro letras en Google me situó a pocas semanas del diagnóstico.

Forzando la suerte del novato, quise empezar mis investigaciones por todo lo alto trasladando mi consulta directamente al especialista mejor posicionado en internet, sin tener ni idea de la celebridad a la que pretendía dirigirme. Bendita inocencia. Intuyendo, eso sí, que sería una persona muy ocupada, me llevó casi dos horas redactar las cuatro líneas con las que le hice llegar a Russell Barkley mis dudas existenciales.

Cada vez que me he cruzado —y son unas cuantas— con el nombre de Russell Barkley documentándome para este ensayo me sorprendo de que atendiera a mi consulta y, sobre todo, de que lo hiciera tan rápido. Para mi sorpresa, a la mañana siguiente desayunaba leyendo un correo que conservo con devoción. Sería como escribir a Mick Jagger preguntando por la letra de una canción y que conteste al día siguiente. Su respuesta la comparto tal cual:

Two good associations over there are ADANA in Barcelona headed by Isabel Rubió and The Educacion Activa Foundation in Madrid, headed by Fatima Guzman. Her group translated many of my lectures into Spanish and put them on their website.

No need to update me as I get too busy sometimes to handle all the emails.

Best wishes,
Russell A. Barkley, Ph.D.
Clinical Professor of Psychiatry
Virginia Treatment Center for Children and
Virginia Commonwealth University School of Medicine
Richmond, VA

Para quien no sepa inglés, Barkley en persona —o puede que alguien de su equipo— me facilitaba la información necesaria para seguir indagando en *lo mío*. Antes de despedirse deseándome lo mejor, esta celebridad del *universo TDAH* me pedía que no le escribiera más porque le cuesta manejarse con tanto correo. Este fue un importante punto de inflexión en mi proceso diagnóstico, que perfectamente pudo no ocurrir.

Como Madrid y Barcelona me quedan a desmano, rebusqué en las páginas web de las organizaciones sugeridas por el doctor Barkley, y entre sus colaboradores di con la Asociación de Déficit de Atención con Hiperactividad de Gipuzkoa —ADAHIgi—, con quienes me puse en contacto aquella misma mañana.

> Consultando en internet he dado con el profesor Adam Russell,[5] que encontró tiempo para recomendarme las asociaciones ADANA (Isabel Rubió) y Activa (Fátima Guzmán).
>
> Mi economía de este año es catastrófica y no veo posibilidades (por el momento) de desplazarme a Madrid o Barcelona solo para confirmar un diagnóstico, y desde enlaces en sus webs he llegado hasta ADAHIgi, que parece la puerta que tengo que tocar en Donostia.

En ADAHIgi contestaron también a la velocidad del rayo, citándome a las siete de la tarde del siguiente día laborable en la consulta del psicólogo Iker Arrizabalaga, un profesional comprometido con la causa para quien solo tengo palabras de agradecimiento. Acudí a su consulta un poco cansado —por las tardes mi cerebro se resiente— y, como es de suponer, bastante nervioso. Iker, a quien dedico este capítulo con afecto, abrió fuego con un «bueno, cuéntame qué te trae por aquí» tan directo y sencillo como difícil de contestar. A esta pregunta le siguieron una entrevista clínica y varias horas de formularios y pruebas estandarizadas que dieron como resultado un informe de cuatro folios que podría recitar de memoria.

---

[5] Me equivoqué con el nombre, pero reproduzco el mensaje tal y como lo envié. Lo he consultado y Adam Russell es un jugador de béisbol.

A LAS PRUEBAS ME REMITO

A través de la fundación que gestiona y dirige, la psiquiatra holandesa Sandra Kooij desarrolló en el año 2010 una de las herramientas principales para la detección del TDAH en personas adultas. El cuestionario DIVA —por *Diagnostisch Interview Voor ADHD*— es una entrevista que se va adaptando en paralelo a los criterios del manual DSM de la Asociación de Psiquiatría Americana. Actualmente ambas herramientas diagnósticas van por su versión número cinco.

Según los criterios DSM, para determinar el TDAH en adultos es preciso indagar la presencia de sintomatología en la infancia y en la actualidad, y el cuestionario DIVA cumple esta función por tratarse de una entrevista retrospectiva que facilita hacer memoria sobre la niñez. Con una duración aproximada de hora, hora y media, esta entrevista es, en resumidas cuentas, un guion semiestructurado que sigue el especialista para recabar información a fin de evaluar cuándo se instalaron los desórdenes propios del TDAH y el grado de disfunción que están ocasionando.

El cuestionario DIVA hila muy fino, y cada sección se contextualiza con situaciones concretas. Por ejemplo, una pregunta de la sección que valora los síntomas del déficit de atención es: «¿A menudo parece no escuchar cuando se le habla directamente?». No sobra ni una palabra, y son preguntas que lleva un tiempo meditar. Como se explicará más adelante, la clave de los enunciados es el «a menudo». Por si surgen dudas a la hora de dar una respuesta, se sugieren varios ejemplos para facilitarla.

«Está ausente o distraído».
«Le resulta difícil concentrarse en una conversación».
«Después de una conversación no sabe decir de qué iba».
«Cambia a menudo el tema de una conversación».
«Los demás dicen a menudo que está distraído».

Una cosa que no me gustó del protocolo del DIVA es que aconseje corroborar los resultados a través de la familia y la pareja sentimental. Dichos informantes pueden estar presentes en la entrevista o realizar el cuestionario *a posteriori*, con lo que accedí sin reflexionarlo demasiado a involucrar de forma no presencial a mi familia y a la única persona en la que confiaba por aquel entonces, aunque no se tratara de mi pareja.

Según el propio protocolo «la información aportada por los familiares es particularmente útil [...] para memorizar conductas de forma retrospectiva». No me parece mal. Coincido en que «mucha gente tiene buena memoria para recordar comportamientos alrededor de los diez y los doce años, pero presentan dificultades para los años anteriores». No me arrepiento de haber metido en el ajo a mi familia, pero sí a quien más tarde dejaría de acompañarme en el proceso. Pienso que fue una salida del neuroarmario tan prematura como innecesaria, y si me surge la oportunidad de repetir el proceso diagnóstico —esta vez sería respondiendo al DIVA 5.0—, involucrar opiniones externas será una parte del protocolo que rechazaré.

La memoria no suele ser uno de los puntos fuertes de quienes padecemos este trastorno, pero mis recuerdos infantiles los tengo muy nítidos, así que, con la debida prudencia, confío en los resultados que recoge mi entrevista DIVA y en el criterio de quien la llevó a cabo. Tras una hora y pico de interrogatorio y cotejando resultados con terceras personas, el cuestionario determinó que «la entrevista da claros indicios de TDAH tipo hiperactivo/impulsivo». Me consta que en la actualidad mi TDAH se presenta en un modo combinado, como el de la mayoría de los casos de TDAH adulto, pero supongo que me concentré mucho el día de las pruebas y el déficit de atención no hizo acto de presencia.

Complementos para la DIVA

Para reforzar los resultados del cuestionario DIVA también se llevaron a cabo aquella tarde pruebas para aplicar la Escala WURS. En su versión abreviada para edades adultas, el test WURS —por *Wender-Utah Rating Scale*— permite indagar acerca de una sintomatología compatible con el TDAH en la infancia reduciendo a 25 las 61 preguntas del WURS original. Todas las preguntas del WURST-25 empiezan igual. «De pequeño era o estaba…», y eligiendo entre las respuestas disponibles —nada o casi nada, moderadamente, un poco, bastante o mucho— se va cumplimentando. Estos métodos se centran una vez más en la subjetividad del paciente y en la manera en que recuerda su infancia.

«De pequeño era bastante activo»
«De pequeño tenía muchos problemas de concentración»
«De pequeño estaba bastante poco atento y en las nubes»
«De pequeño…»

En mi caso, el resultado da una puntuación de 64, lo cual indica presencia del TDAH en la infancia. Con estas pruebas estamos en lo de siempre. Al no disponer de marcadores biológicos que detecten el TDAH de manera inequívoca, los diagnósticos seguirán dependiendo de la subjetividad y capacidad del profesional que lo realiza, así como del momento anímico, vital y de concentración en que se encuentre la persona afectada cuando se somete a las pruebas.

Junto con la entrevista DIVA 2.0 y el WURST-25 se realizaron exámenes de concentración como el test de los Cinco Dígitos —en inglés, FDT— y la aplicación de Escalas Magallanes de Identificación del Déficit de Atención ESMIDA-J.

Resumiendo: para que un diagnóstico de TDAH esté bien hecho, debe ser llevado a cabo por profesionales con la debida cualificación y ser elaborado a conciencia, ya que es un proceso exhaustivo. Hoy conozco mejor mis desórdenes y sé que a última hora de la tarde mi rendimiento intelectual deja mucho que desear, así que no estaría mal realizar estas mismas pruebas a media mañana y cinco años después para comparar los resultados. Aun así, pienso que el informe se ajusta como un guante a mis desórdenes.

INFORME DE EVALUACIÓN

Acude a consulta por sospechas de posible TDAH. Acordamos valoración al respecto. A nivel académico refiere que fue constante y aprobaba sin problemas […] A nivel laboral y personal relata dificultades en organización, planificación y control de tiempos.
Muestra tener capacidad intelectual, pero necesita esquemas rígidos de organización […] Le invaden ideas creativas que no acaba de plasmar en la práctica y se pierde en detalles perfeccionistas que retrasan la resolución de los proyectos. A nivel social muestra facilidad para iniciar relaciones, aunque le cuesta mantenerlas […] A nivel doméstico ha sido siempre desorganizado, se pasa el día olvidando y buscando objetos […] Evita tareas administrativas (recibos…) […] Presenta elevados niveles de estrés y alteraciones en el estado de ánimo […] Relata episodios depresivos y tendencia a ideas obsesivas. Los resultados obtenidos dan claros indicios de TDAH tipo hiperactivo/impulsivo […] Se aprecian indicadores de déficit de atención con hiperactividad de un 99 % actualmente […] Los cuestionarios […] y la entrevista diagnóstica identifican sintomatología actual y en la infancia congruente con el TDAH.

Con el paso de los años, el informe de Iker se ha convertido en una especie de manual de usuario para mí, que habré leído y releído cientos de veces. Cuantas más cosas sé sobre TDAH, más contenido descubro que había pasado inadvertido en repasos anteriores, y una vez empecé a comprender de qué iba el asunto, traté de explicar el diagnostico a mi círculo de confianza.

«Todos somos un poco TDAH»

El muro que encuentra siempre quien intenta expresar los problemas diarios del TDAH suele ser el de la minimización —apocamiento, *belittleing*— del trastorno y sus consecuencias, precisamente por lo cotidiano de su sintomatología. Lo cotidiano de los rasgos que lo definen es también uno de los mayores obstáculos a la hora de confirmar o descartar el TDAH, y pocas cosas habrá más frustrantes que tratar de explicar las implicaciones de padecer TDAH a quien no quiere comprenderlo o le quita hierro al asunto.

Cuando surge este debate, me gusta compararlo con tener los calcetines mojados o unas ganas terribles de ir al baño, que son situaciones que se viven con cierta frecuencia. Nada grave, en principio, pero no es lo mismo que te pase de vez en cuando a que suceda tan a menudo como para condicionar tu día a día. Llevar los calcetines permanentemente húmedos o sentir ganas de ir al baño durante todo el día, todos los días de la semana, puede suponer una pequeña tortura, con el agravante de ser inapreciable a simple vista. Es todo un ejercicio zen mantener el tipo frente al recurrente «no te hagas la víctima, estas cosas le pasan a todo el mundo», que no por previsible deja de ser frustrante.

La clave está en la frecuencia y la intensidad. Como se avanzaba unas páginas atrás, en la entrevista diagnóstica DIVA destaca el hincapié que se hace sobre el adverbio «a menudo», que aparece unas ochenta veces a lo largo del cuestionario.

«¿A menudo…

… tiene dificultades para organizar tareas y actividades?

… se distrae fácilmente por estímulos irrelevantes?

… es descuidado en las actividades diarias?

… abandona su asiento cuando se espera que permanezca sentado?

… habla en exceso?

… precipita respuestas antes de ser completadas las preguntas?».

En estos interrogatorios, el aspecto fundamental para la identificación del TDAH no son los incidentes en sí mismos, sino la frecuencia y la intensidad con que acontecen, que serán directamente proporcionales a sus consecuencias.

El impacto de estos rasgos en la vida de quien trata de evaluar si tiene o no TDAH es clave. ¿Quién no se ha dejado la vitrocerámica encendida alguna vez o las llaves puestas por fuera de la puerta? Si es algo que suceda a diario, pasa a ser un problema. No es lo mismo extraviar el móvil de vez en cuando entre los cojines del sofá que tener que buscarlo cada tres o cuatro horas por la casa y que aparezca en la nevera, o perder una media de dos o tres autobuses por semana por tener que buscar las llaves, que además están siempre en su sitio, convenientemente tapadas por algún papel estratégicamente colocado para no olvidarlo a la salida. No recordar dónde está la tarjeta de crédito y cancelarla de inmediato para que aparezca minutos después no son cosas que pasen «a menudo», a no ser que se tenga algún problema.

¿Es válido el autodiagnóstico?

Hasta que me hice con un diagnóstico que me cuadrara con lo que he vivido, me venían preocupando unas dificultades relacionales que no lograba descifrar. ¿Seré un psicópata? ¿Qué es esto de las personalidades narcisistas? ¿Síndrome de Asperger? ¿Anhedonia? ¿Crisis maniacodepresivas? ¿De verdad hay personas *inmunes* a los efectos de la dopamina?

El último especialista que me atendió en el circuito de la sanidad pública mencionó la posibilidad de que lo mío fueran brotes de esquizofrenia, y fue cuando dejé de buscar.

Por las circunstancias en las que se produjo, podríamos decir que fue el diagnóstico el que me encontró a mí. Otras personas no han tenido tanta suerte. Si dando por válidas las estimaciones a la baja del 5 % de la población infantil con TDAH, y teniendo en cuenta que este no es un trastorno que *se cure* con los años, sino que va cambiando de una presentación a otra, que solo haya un 2,5 % de la población adulta diagnosticada pone de manifiesto que a causa de errores en el diagnóstico diferencial la mitad de las personas adultas con TDAH puedan estar pendientes de diagnóstico.

Además de tener un importante componente de inadaptación, soledad y tristeza, el TDAH va acompañado de un número indeterminado de dolencias comórbidas —adicciones, ansiedad— que es fácil que hagan sombra a la base del problema, y este infradiagnóstico adulto se debería en parte a que el TDAH pueda verse apantallado por las comorbilidades que lo acompañan.

Para evitar los errores en el diagnóstico diferencial, los protocolos de identificación del TDAH como la entrevista DIVA evitan en sus cuestionarios cualquier pregunta que indague sintomatología no exclusiva del TDAH. Aunque eso está muy bien, lo difícil es dar con el profesional que se centre en evaluar únicamente los síntomas nucleares necesarios para definir el TDAH, «y no de síntomas, síndromes o trastornos psiquiátricos recurrentes». Dicho de otro modo, solo será posible diagnosticar un TDAH si existe la sospecha por parte de especialistas o pacientes, ya que, para encontrarlo, hay que saber dónde mirar. Me atrevería a decir que en la mayoría de los casos las sugerencias de mirarlo suelen venir por parte de la persona interesada, y que la valoración del TDAH adulto suele llevarse a cabo a petición de quien cree que lo padece. Por lo general, son personas que llevan un tiempo haciendo sus investigaciones preliminares y acuden —acudimos— simplemente por confirmar sospechas.

Al estar adquiriendo el TDAH un protagonismo cada vez mayor, es posible que una persona se sienta identificada con su sintomatología y decida «autodeterminarse» TDAH sin que haya un diagnóstico de por medio, así que por otro lado estarían los autodiagnósticos, acertados o no.

Como se está construyendo un turbulento negocio alrededor de algunos problemas de salud mental que se están *poniendo de moda*, también puede ocurrir que no todas las economías puedan permitirse acceder a un diagnóstico que no es asequible para todos los bolsillos. Mucho cuidado con los desorbitados presupuestos; ahí también tuve suerte y salió por un precio razonable.

Conseguir una valoración acertada depende en definitiva de múltiples factores que van desde ojo clínico al factor suerte, y en esto de la «autodeterminación neurodivergente» se empiezan a adoptar posturas similares a las que se presentan con las disforias de género. Igual que alguien se puede identificar con un género distinto al asignado en el momento de nacer, hay cada vez más personas que se identifican con el TDAH sin necesidad del visto bueno de ningún especialista.

Personalmente no veo nada malo en hacerlo, pero habría que matizar. La única forma de acceder a medicación o ayudas específicas es por medio de informes que las justifiquen, y para esto es imprescindible pasar por el aro de la oficialidad.

ANATOMÍA DE UN ICEBERG

La metáfora del iceberg es un desgastado recurso que explica de manera muy gráfica las realidades imperceptibles que arrastran los desórdenes de la psique. Como pasa con los icebergs, la parte más voluminosa del TDAH la forman peligros invisibles, aunque lo amenazante desde la perspectiva de quien navega alrededor sean las aristas que sobresalen. Para que no queden dudas con la analogía, la sintomatología nuclear —impulsividad, problemas para centrarse— viene representada por la punta del iceberg, y del resto es de lo que se habla en este ensayo.

Como el diagnóstico de TDAH no viene con un plano ni con un manual de instrucciones, me llevó casi un año extra descubrir que los rasgos que —por una cuestión de nomenclatura— definen al TDAH son en realidad una pequeña parte, la parte visible, del trastorno. Se supone que esa es la base de nuestros problemas adaptativos, pero lo cierto es que la porción más significativa y profunda es la que no vemos.

Si bien la inquietud y la dispersión mental son potentes bengalas que señalan la presencia de un iceberg —por eso es lo que se cuantifica en el proceso diagnóstico—, la forma y dimensiones reales de cada TDAH dependen de otro buen puñado de factores, dolencias comórbidas y características individuales que conviene considerar.

Do you speak English?

Participar de la comunidad *online* neurodivergente es una buena forma de explorar la magnitud real de condiciones como el TDAH. Para quien sepa inglés, claro. Comparando las fuentes angloparlantes con el resto de contenido *online* disponible, al menos en castellano, encuentro diferencias importantes con respecto a la terminología empleada, y esto ha hecho que el inglés haya sido una herramienta clave tanto como punto de partida como para sumergirme de lleno en mis desórdenes. Es el idioma que me ha permitido conocer a personas de diferentes rincones del planeta que están en una situación similar a la mía y, además, como muchos artículos científicos están en inglés, también ha sido fundamental en las fases de investigación y documentación para elaborar los capítulos más técnicos de este ensayo.

Me consta que empecé a descubrir que el TDAH es algo más que déficit de atención e hiperactividad a partir de noviembre de 2019 porque coincide con la creación de una cuenta de Twitter TDAH específica en inglés. Hablo, claro está, de cuando Twitter era una herramienta útil y potente para informarse, y no el despropósito en el que se ha convertido hoy. Supongo que, al año exacto de mi diagnóstico, al no apreciar mejoras —pero sí cambios a peor— quise conocer a otras personas en una situación como la mía y probé con las redes sociales en inglés para aumentar las probabilidades de éxito, cosa que funcionó. Ojalá lo hubiera hecho antes.

Los términos en que personas de todo el mundo describen a través de las redes sociales las partes sumergidas de su TDAH me encaminaron a explorar mi propio iceberg, ayudándome a conocer más cosas sobre mí y sobre mi trastorno. Entonces fue Twitter, ahora veo que se hace desde Instagram o Tiktok; sea como sea, este cambio de idioma de cabecera para investigar sobre mi TDAH fue todo un acierto. Al estar constituidas por un flujo inagotable de publicaciones de personas que están pasando por lo mismo en todo el mundo, sigo pensando que las redes sociales TDAH específicas o de contenido neurodivergente son la fuente de información más asequible para entrar en contacto con las versiones adultas de este u otros trastornos de la salud mental.

Al coincidir mi incorporación al Twitter TDAH con el confinamiento a causa del coronavirus, 2020 fue un año de activismo intenso en el que busqué mi parcela en el panorama *online* neurodivergente. En pocos meses me puse en algo más de dos mil seguidores, y manejarme bien con los idiomas en general y con el inglés en particular me permitió abordar el asunto desde otra perspectiva, identificando comportamientos y actitudes — propias y ajenas— que no había tenido en cuenta simplemente porque no tenía forma de ponerles nombre. Parece que si se hace en inglés es más fácil ahondar en el TDAH más allá de los elementos básicos del trastorno, y por eso se está poniendo tanto empeño en especificar las traducciones al inglés de mucha de la terminología que se emplea en este trabajo. De alguna forma, poner sobre la mesa todo este palabrerío es una invitación a seguir el mismo camino y animarse con la investigación en inglés a través de las redes sociales o artículos especializados.

Estas redes sociales TDAH específicas me mostraron un amplio muestrario de batallas diarias —*struggles* en inglés— muy similares a las que yo afrontaba y afronto, y no fue hasta adentrarme en las aguas de Twitter de habla inglesa que aprendí que el TDAH es mucho más que inquietud y despiste. El déficit de atención y la hiperactividad son claros y evidentes cuando se manifiestan, pero no son más que las señales de neón que indican que hay muchas otras cosas que están fallando. Mis *struggles* siempre habían estado ahí, pero... ¿cómo identificar algo si no hay forma de nombrarlo?

Anglicismos *ALL THE TIME*

Tener disponible un vocabulario necesariamente sembrado de anglicismos no es algo que se limite al entorno del TDAH o la salud mental. Con el metaverso y la inteligencia artificial respirándonos en el cogote, la globalización del lenguaje cotidiano hace propio cada neologismo que circula por la red, y muchas de estas palabras específicas suelen ser en inglés. Saltando la barrera de lo *online*, los anglicismos llegan al lenguaje de la calle, y por una cuestión de agilizar la comunicación hacemos uso de estos términos en crudo, tal cual nos llegan. Da lo mismo si es para hablar de salud mental, *crossfit*, repostería o *bitcoins*.

El ritmo de consumo de la información se ha vuelto tan vertiginoso que sacrifica y pasa por alto la traducción de los términos clave. Si alguien explica en un vídeo de veinte segundos cómo le afecta el *ADHD burnout*, el mensaje solo llegará a quienes hagan uso, o al menos estén al tanto, del significado de términos como este. Conceptos como *revenge bedtime procrastination* o *people pleaser* no solo son difíciles de explicar, sino que pierden su esencia si se traducen al castellano. En los años ochenta, los *carrozas* tuvieron que hacerse a expresiones como *guay, al loro, yeyé* o *ful de Estambul* para entender lo que se hablaba en las calles, del mismo modo que, a quienes tenemos cierta edad, hoy nos conviene estar al corriente de términos como *ghosting* o *gaslighting* si queremos saber de qué se habla en las redes.

Es evidente que la inmediatez de lo digital está modelando el lenguaje, y los términos que descubrimos sobre el terreno reúnen matices difíciles de reemplazar si se traducen al castellano. El *burnout* es lo que siempre se ha llamado estar quemado, pero parece que la palabra inglesa se ha hecho un hueco en el lenguaje de a pie, sustituyendo en muchos casos expresiones de aquí, que significan lo mismo, pero no funcionan igual. Pongo estos ejemplos por ser algunos de los que ha adoptado el gran público. Como decía aquel, «nos vamos al *mainstream*».

No estar de *mood* o ser carne de *gaslighting* son el pan de cada día para el colectivo neurodivergente, pero es difícil explicar el significado detrás de estas palabras a quien no las conoce. Si quiero denunciar que a causa del TDAH se me ha hecho mucha luz de gas en la vida, será complicado que entienda las implicaciones de esta actitud alguien a quien no le suena el término. Curiosamente, el *gaslighting* —que te nieguen la mayor y te hagan creer que las cosas no son como las has vivido, que te tomen por loco— es algo que suele poner en práctica quien ignora el significado de dicha palabra. En estos casos, la brecha comunicacional se ensancha hasta que se vuelve insalvable cuando la conversación adquiere un tono didáctico que desvía la atención. «Siempre dando lecciones, me pones la cabeza como un bombo», me lo han dicho unas cuantas veces.

AGNOSIA CRONOLÓGICA

Ya se ha explicado que en el momento de mi diagnóstico se dejaron caer algunas migas de pan sobre la mesa: «Tener una noción del tiempo defectuosa es muy típico del TDAH».

Un año después, descubrí a través de las redes sociales que esta limitación cognitiva recibe el nombre de *time blindness*, que a pesar de ser uno de los términos más utilizados en la comunidad TDAH que se expresa en inglés, carece de una traducción al castellano que podamos usar a pie de calle o en las redes sociales. No disponer de términos como *time blindness*, que pasen de los textos especializados al lenguaje coloquial, reduce la presencia del concepto a los artículos académicos y divulgativos. Aunque el *time blindness* sea una limitación cognitiva que me afecta de lleno, resulta que no tenía ni idea de su existencia.

Si me llevó doce meses casi exactos —lo que tardé en abrirme la cuenta de Twitter— saber que una de las principales características de mi TDAH es no tener noción del tiempo, se debe a que el término *time blindness* carece de una traducción al castellano que podamos usar para hacernos entender.

Me sorprende lo poco que sabemos de nuestros icebergs simplemente porque no conocemos las palabras para describirlos. Nunca había oído hablar del *time blindness*, pero el término se cruzó tantas veces en mi camino que me puse a curiosear y... bingo. Poniendo nombre a mis dificultades para ubicarme en el tiempo pude explicarme uno de los aspectos más significativos de mi TDAH. Soy cinturón negro en perder trenes o aviones, además de un gran especialista en alargar plazos de entrega. Un año después de mi diagnóstico, descubro que estas incidencias podría explicarlas una incapacidad para interpretar el paso del tiempo, así que remuevo el trastero hasta dar con la caja donde guardo mis relojes de chaval y elijo el que veo más usado. Recuerdo que este me gustaba porque tenía cuenta atrás, y cambiarle la pila fue suficiente para que hoy me sienta desnudo sin mi viejo Casio 3294 en la muñeca. Ahora es raro que se me queme alguna pizza en el horno o que me cierren el super.

Hay quien traduce el *time blindness* como *ceguera temporal*. A mi entender, la palabra temporal es tan ambigua que ceguera temporal significaría también perder el sentido de la vista de manera transitoria. No me sirve, y por más que busco no doy con un término en castellano que describa esta percepción defectuosa de lo cronológico que tengo. En psiquiatría se conoce como *agnosia* la incapacidad para identificar algo a través de los sentidos, y por evitar el anglicismo a veces me refiero a esta limitación como agnosia cronológica. Suena raro y no vale de mucho, pero es un comienzo.

Nuestro idioma es poco práctico a la hora de cartografiar lo que ocultan las siglas TDAH bajo la superficie, y es muy frustrante no disponer de palabras para elementos que son señas identitarias clave.

IT'S ALL OVER: TODO ES *OVER*

Durante mi etapa de activismo *online* me llamó la atención la enorme cantidad de palabras que comparten la preposición *over* para definir elementos que acompañan al TDAH. Términos y más términos que se me habían escapado y que señalan aspectos de mis desórdenes que me eran ajenos. *To be overwhelmed*, por ejemplo, sería estar abrumado o sobrepasado. Me he visto sobrepasado por los acontecimientos muchas veces desde crío, pero no lo había relacionado con el TDAH hasta toparme con la palabra *overwhelmed* repetida a más no poder en los foros *online* de referencia.

En relación directa a los desbordamientos del *overwhelming*, también ha sido todo un descubrimiento el *overcommitment*, que no es otra cosa que asumir compromisos por encima de lo posible. La impulsividad, los fallos de cálculo con respecto al tiempo que llevará realizar una tarea y la necesidad de buscar aceptación a toda costa hacen que me vea incapaz de decir que no a cualquier cosa que me propongan si esta despierta mi interés, que suele ser casi siempre. También me di cuenta de que asumo a menudo más responsabilidades de las que me corresponden con tal de no quedar mal o decepcionar. No tenía ni idea de esto, pero soy una persona con un grave problema de *overcommitment* —¿sobrecompromiso?—, y cuando estoy nervioso o me siento inseguro digo *sí a todo* sin reflexionarlo demasiado ni sopesar mis posibilidades. ¿Sobrecomprometido? No sé ni si la palabra existe, pero cuando supe de la predisposición del TDAH al *overcommitment* entendí que debía dosificar mi implicación, limitándola a proyectos asequibles o personas por las que merezca la pena esforzarse.

Más anglicismos para el exceso: alguien que le da demasiadas vueltas a las cosas estaría *overthinking*, otro de los términos imprescindibles para comprender el lenguaje de *influencers* del TDAH de todo el mundo. Esta tendencia a rumiar los pensamientos entroncaría con las hipótesis de la DMN o *Default Mode Network* siempre activa que se explicará detalladamente unos capítulos más adelante. En líneas generales, se piensa que en el TDAH habría una falta de sincronía entre el encendido y apagado de las áreas del cerebro destinadas a coordinar las funciones ejecutivas —hacer cosas— y las regiones DMN o redes neuronales por defecto que activan el modo introspectivo —pensar cosas—, lo que implicaría vivir en un estado de revisión permanente de preocupaciones, ideas y pensamientos que entorpecen el transcurso de cualquier tarea. La traducción literal *sobrepensar* de momento no se utiliza tanto, pero del *overthinking* en relación con el TDAH se habla, y mucho, en las redes sociales mencionadas.

La impulsividad verbal suele dar lugar al *oversharing*, que hace alusión a airear más intimidades de las necesarias. Si son propias mal, y si son ajenas peor. Para entender el *oversharing* hay que tener en cuenta que el TDAH es un desorden que afecta a la inhibición. Se ha repetido unas cuantas veces, pero no está de más insistir en que con el TDAH no es imposible refrenarse, pero sí que a veces cuesta mayores esfuerzos, sobre todo cuando se está o muy tenso o muy relajado.

El gran problema del *oversharing* en relación con el TDAH es que los pensamientos salen por la boca sin ningún tipo de filtro y en los momentos menos apropiados. Puede practicarse el *oversharing* en busca de complicidad, empatía o simplemente por rellenar silencios incómodos en las reuniones sociales. En bodas, funerales, cenas de empresa, encuentros de antiguos alumnos… el nerviosismo, la emoción desbordada o la ansiedad pueden comprometer la contención, y cuesta evitar hacer comentarios poco apropiados. Esto puede ser un problema. Suele serlo. Aparte de las situaciones de estrés, enfado o cansancio, la guardia de la contención también se desarma cuando se está en confianza. Como suele decirse, donde hay confianza da asco, por lo que el *oversharing* o incontinencia verbal muchas veces es fuente de ofensas involuntarias, con bromas espontáneamente faltonas o vergonzosos malentendidos. Resulta particularmente preocupante cuando estos episodios de verborrea incontenible se presentan con las personas a las que se tiene aprecio y en contextos lúdico-festivos, que es precisamente el entorno en que se muestra una persona menos alerta.

En su prólogo, Eugenio —mi asesor editorial— destaca que los correos electrónicos que le he hecho llegar estos meses se han caracterizado por incluir «párrafos interminables con detalles de todo tipo». Otra variante del *oversharing* sería el *overexplaining*, fruto de la tendencia que tenemos a *sobreexplicarnos* quienes no conseguimos hacernos entender a la primera.

Que las palabras con la preposición *over* se repitan tan a menudo en los foros orientados al TDAH tiene todo el sentido del mundo. Como una conducta impulsiva se presta a excesos, ahí están las palabras con *over* para advertirnos del riesgo. Estar desbordado por los compromisos, darle cien vueltas a cada pensamiento que ronda la cabeza, ofrecer más explicaciones de las necesarias o tener el don de la inoportunidad son elementos que han formado parte de mi iceberg durante décadas, y yo sin saberlo.

ACRÓNIMOS: SIGLAS QUE ENCONTRAMOS *IRL*

Los medios como Twitter o Instagram —presentados en origen como espacios de *microblogging*— se caracterizan por ser entornos participativos. Se comparte un tuit, un *post* o una *story*, y a partir de ahí comienzan las interacciones con el resto de participantes.

De los canales habituales hemos pasado a formatos informativos más veloces, como son los vídeos de Tiktok o las *stories* de Instagram, cuyo ritmo ni siquiera deja margen para importar palabras enteras del inglés. La economía de lenguaje que se persigue en estos nuevos medios encuentra precursores en las abreviaturas de los SMS de los años noventa —TQM, XD—, y ahora se forman asociaciones de letras que dan lugar a acrónimos y siglas que adoptamos con la misma naturalidad con la que se incorporan los anglicismos.

Colocar abreviaturas donde antes poníamos palabras viene de muy atrás, y no es algo que pase únicamente con el inglés o en las redes sociales. OVNI, SIDA o IVA son acrónimos más que instalados, y tampoco nos libramos de neologismos como el término AOVE, una nueva forma algo absurda de nombrar al aceite de oliva virgen extra que se supone que agiliza la comunicación. Esta inmediatez impone combinaciones de letras —WTF, MILF, ACAB, FOMO, POV—, que describen con precisión significados muy concretos, lo que inevitablemente amplía la brecha comunicacional entre las personas que conocen estos términos y las que no. Ahora, teclear o incluso citar unas cuantas letras en un orden determinado puede ahorrarnos mucho tiempo si damos con el receptor adecuado, cosa que no siempre sucede. Aunque cueste creerlo, hay personas que intercalan la abreviatura *irl* —*in real life*— también cuando se expresan en castellano, y solo entenderán el entretítulo que abre esta sección quienes sepan lo que significa ese *irl* suelto del final, mientras que habrá quien se haya perdido parte del mensaje, o incluso quien lo interprete como un error tipográfico. Así vivimos de ajenos a lo que desconocemos. Ahora se ha puesto de moda el acrónimo PEC, por ejemplo, cuyo significado no voy a facilitar aquí porque me he propuesto no incluir una sola expresión malsonante en el libro.

Los medios *online* y los textos científicos orientados a la salud mental están igualmente inundados de estas abreviaturas, y se ve que hay un buen puñado de acrónimos que desconocía que definen mi iceberg. Estar al corriente de sus significados puede marcar la diferencia, y aunque en foros de habla inglesa se recurre a estos términos constantemente, de momento son poco conocidos en España, mientras que en Latinoamérica —o LA-TAM, si se prefiere— parece que están más al día.

A pesar de tener un nivel aceptable de inglés, encontré en el abuso de los acrónimos una barrera idiomática que fue para mí el gran escollo en estas primeras incursiones informativas. Ahora que conozco el significado de muchos de estos acrónimos, es igualmente frustrante no poder emplear dichos términos con las personas de mi alrededor para expresar lo que suponen estas letras en mi día a día. A nivel personal, buena parte de mis desórdenes diarios se definen a través de las siglas RSD y ODD. Saberlo me ha permitido hacer algo de autocrítica y tratar de corregirlo.

RSD: ¿NO LLEVAS BIEN LAS CRÍTICAS?

Como vengo diciendo, de todos estos rasgos que describen mi comportamiento tuve que enterarme por internet. Siguiendo en importancia a la agnosia de tiempo o *time blindness*, este manojo de características que definen mi TDAH se complementa con otro aspecto que desconocía de mi personalidad y que resumen las siglas RSD, acrónimo para *Rejection Sensitive Dysphoria*. Sin lugar a duda, RSD es uno de los términos que más veces se repite —si no el que más— en los entornos virtuales de temática neurodivergente de habla inglesa. Tirando del hilo de la RSD descubrí un complejo cuadro clínico que, a pesar de formar parte de mi esencia, me era completamente ajeno.

Cuando consulté el diccionario *online* de la RAE a principios de año preparando el boceto para este capítulo, la Real Academia no reconocía la palabra *disforia*. Muchos meses después, ahora que estoy con las revisiones, compruebo que en su actualización más reciente define la disforia como un «estado de ánimo de tristeza, ansiedad o irritabilidad». Como ejemplo se menciona la disforia de género, que sería la sensación de «angustia o malestar persistente en una persona causa-

dos por la falta de correspondencia entre su sexo bioló-
gico y su identidad de género».

Por empezar a explicar otras modalidades de disforia como
la RSD, podemos definir estas sensaciones de desánimo en
base a su origen etimológico. En griego, *dys-* es el prefijo para
algo que va mal, mientras que *pherein* significa llevar o trans-
portar. ¿Para qué buscar palabras raras entonces? Disforia es lo
que aquí se conoce como llevar mal alguna cosa.

Experimentar una disforia —que algo te haga sentir mal—
es tan humano como sentirse eufórico en una situación favorable. De hecho, algunos textos definen la disforia como «un sentimiento opuesto a la euforia», que es la mejor forma que he
encontrado para describirla. Pasa mucho con pasiones como
las que mueve el deporte de competición. Gana tu equipo una
final importante y te pones eufórico, mientras que si la pierde
se te quitan hasta las ganas de cenar.

La disforia es la sensación de malestar mental y físico que
te quita las ganas de hacer nada, y las razones que la disparan
pueden ser diversas. En el caso de la RSD la *R* viene de *rejection*
—rechazo en inglés—, por lo que este malestar disfórico se
presentará como una respuesta emocional desproporcionada a
cualquier sentimiento de rechazo. El comentario más inocente
puede provocar terremotos internos, y saber del acrónimo
RSD me puso sobre la pista de que esto nos pasa a no pocas
personas, tengamos o no TDAH.

Tal y como la siento, mi disforia sensible al rechazo o RSD
es un fusible que salta a la mínima de cambio cuando me veo
juzgado. Entiendo este malestar como un trastorno de estrés
postraumático por acumulación de críticas y comentarios nega-
tivos a lo largo de la vida. El acrónimo PTSD —*Post Traumatic
Stress Disorder*— aparece también mucho en los medios *online*
sobre TDAH específicos, por cierto. Mi hipótesis es que estas
parálisis responden a mecanismos preventivos que bloquean la
motivación para evitar una acumulación de disgustos como los

de anteriores ocasiones. Cuando atiza la RSD, el cuerpo se paraliza como si fallaras un penalti en la final de la Champions, y este bloqueo de las funciones ejecutivas hace que no seas capaz de lanzar otro penalti sin sentirte juzgado por fracasos anteriores.

Para entrar en estos estados de ánimo tan incapacitantes no importa si la percepción de rechazo es real o imaginada. De hecho, la imaginación y el *overthinking* juegan muy malas pasadas a la RSD. «Leyó mi mensaje ayer, pero no contesta. ¿Se habrá enfadado? ¿Qué he podido hacer mal esta vez?». Ni siquiera tiene que haber una crítica directa, basta con la percepción de rechazo para alcanzar en décimas de segundo un estado de ánimo de extrema desmotivación que sabotea cualquier intento de poner en marcha las funciones ejecutivas más básicas.

La RSD se nutre de nuestros complejos e inseguridades, y puede ser un sentimiento tremendamente paralizante. Sea como sea, cuando identifico uno de estos episodios trato de restarles protagonismo. Ahora que comprendo por qué me pongo siempre a la defensiva, intento no tomarme las cosas tan a la tremenda.

Cuando una persona es —o pasa por una etapa— emocionalmente inestable, este gatillo del mal cuerpo se dispara con mayor facilidad, y conocer los pormenores de mi RSD me hizo ver que esta sensibilidad *pasada de vueltas* que me caracteriza es un rasgo inherente al ser humano. No solo se da únicamente en el colectivo TDAH, pero sí que se produce más frecuentemente o por motivos de menor importancia. Ser consciente de mi RSD también me ha vuelto más reflexivo y precavido en mi trato con los demás. Al fin y al cabo, a cualquiera le puede sentar mal una crítica, por constructiva que esta sea. Si se me pregunta directamente por mi opinión, ahora intento elegir mejor mis palabras, sobre todo si esta no es favorable. Por lo demás, si nadie pregunta, trato de reservarme las opiniones, sean buenas o malas. Antes de conocer los pormenores de la RSD me costaba más callarme.

Por si fuera poco, todos estos términos se complementan para multiplicar sus efectos. Me explico. Meter la pata contando algo inapropiado —*oversharing*— provoca, ya en frío, un arrepentimiento posterior —disforia de rechazo o RSD— que deja vía libre para un *overthinking* que no perdona. Dicho para que se entienda: pongamos que si un encuentro social no ha salido del todo bien, una persona con TDAH puede pasar días enteros rumiando mentalmente cada interacción para cuantificar los daños y encajar el sentimiento de culpa que genera haber hablado más de la cuenta. «¿Por qué habré dicho semejante idiotez? He quedado como un maleducado». De este bucle no se sale fácilmente, y es terreno abonado para que la RSD golpee con fuerza. «Qué bochorno, anoche di una pésima imagen. Seguro que no vuelven a contar conmigo para la siguiente cena». Muchas veces así suele ser.

EL ODD TAMPOCO ES TAN EXTRAÑO

Esta agrupación de tres letras cuyo significado también ignoraba define otro comportamiento muy presente en mi vida, y uno de los que más disgustos me ha ocasionado. Algunos textos en castellano describen el ODD —*Oppositional Defiant Disorder*— como un trastorno negativista desafiante; otros como trastorno oposicionista desafiante, oposicionismo negativista… Recuerda un poco a la escena de *La vida de Brian*, en la que el Frente Judaico Popular y el Frente Popular de Judea discuten en la grada de un circo romano. Sin un consenso claro sobre cómo referirnos a esta conducta tan característica del TDAH, seguimos sin disponer de unas siglas en castellano para hablar sobre esta tendencia al confrontamiento gratuito. Paralelamente, las siglas ODD son el pan de cada día en los foros de temática TDAH de habla inglesa.

En resumidas cuentas, el ODD refiere a una tendencia a llevar la contraria a toda costa que pensaba que solo era cosa mía. Se ve que no. Muchas personas con TDAH vivimos en una confrontación permanente, y esto podría tener una explicación neurofisiológica. Como se verá más adelante, es un hecho aceptado que en un cerebro con TDAH la transmisión nerviosa está adormecida, y de ahí que responda bien a tratamientos con psicoestimulantes. En vista de esto... ¿puede ser que llevar la contraria por sistema favorezca la estimulación de una corteza cerebral perezosa? Se dice que las personas con TDAH respondemos mejor en situaciones de tensión, crisis o emergencia, así que no me parece un planteamiento descabellado.

Del oposicionismo desafiante —ODD— tengo claro que el peligro radica en su contagiosidad. La crispación genera crispación, y esto se traslada al entorno próximo, haya o no TDAH de por medio. En pareja o en sociedad, en el trabajo, en la escuela, al final de un largo viaje en coche con tu cuñado... Como una plaga que se propaga a gritos, el ODD es altamente contagioso.

Antes de estar al tanto de cómo afecta el oposicionismo a las relaciones personales y laborales, discutía por la mínima tontería. Según estas hipótesis, mantener una actitud desafiante me hacía sentir bien porque al menos mi cerebro podía pensar con claridad. Desde que interpreto que estar siempre a malas puede ser un gesto instintivo para compensar carencias en la neurotransmisión, apenas entro al trapo en polémicas. Bueno... estamos en ello.

Una vez se tiene dominada la media docena de anglicismos y acrónimos que se repiten en los foros especializados, seguir dando bandazos o reajustar la conducta es algo que depende de cada cual, porque el carácter es el que es. En mi caso, saber que estos comportamientos forman parte de mi esencia —y que se me pueden ir de las manos en determinadas situaciones— me está permitiendo atarlos en corto, prevenirlos y moderarlos. En general, tomar consciencia de comportamientos que con tan solo tres o cuatro letras definen partes clave de mi desorden me está transformando como persona, quiero pensar que para bien.

Un último consejo

En este capítulo dedicado a los anglicismos, dudaba si incluir o no la expresión *unsolicited advice*.

«Para que no te vuelva a pasar, apúntalo en un papel».
«No te despistes con los pagos de luz y agua, que cobran comisión».
«Vaya boca, deberías ir al dentista».

Hago malabares para llegar a fin de mes y no me da para implantes dentales. Entre la rigidez mandibular provocada por la medicación y el propio TDAH, la falta de presupuesto y la fobia al dentista, he dicho adiós a tres muelas en pocos años, y mantener la compostura ante según qué comentarios no siempre es fácil. Estos consejos suelen llegar en momentos críticos, y encajarlos con diplomacia puede ser toda una prueba de saber estar: «Qué genio, chico. No se te puede decir nada».

Aunque practicarlo sea deporte nacional, en castellano no doy con una expresión coloquial para *unsolicited advice*. Se me ocurre *consejo gratuito*, pero no funciona igual bien. Muchas personas coincidirán en lo molesto de recibir consejos sin requerimiento previo. Una vez más, cambiando de idioma para mis investigaciones entendí que reacciono con una hostilidad exagerada a los consejos gratuitos. Mi respuesta varía en función del estado de ánimo en que me pille, pero al menos ahora estoy pendiente del riesgo de tormenta. Salvo excepciones, diría que ahora me cuesta menos contenerme, aunque a veces salto como un resorte cuando olvido algo y me recomiendan «apuntar las cosas en un papel la próxima vez». Pierdo en minutos cualquier papel que llega a mi bolsillo, maldita sea. Aplicable también a la inversa, ahora que sé que un consejo gratuito puede molestar tanto, intento no opinar por opinar.

Si me permites un consejo, ahórrate los *unsolicited advice*.

BAJO EL RADAR

El 10 de diciembre de 2018, fecha que encabeza mi informe de evaluación diagnóstica, cayó en lunes. Llegué a casa hacia las once de la noche y me senté en el sofá para fijar todo mi hiperfoco en una lectura reposada del dosier que me habían entregado horas atrás. Lo leí sin pausa hasta las conclusiones, y me detuve en dos líneas que detallan que «los cuestionarios y la entrevista diagnóstica señalan sintomatologías actuales y en la infancia congruentes con el TDAH».

Habría apostado que mi TDAH se ha desarrollado en fase adulta, como mucho cuatro o cinco años antes del diagnóstico, pero el cuestionario DIVA 2.0 que me aplicaron destaca en su introducción que «los principales requisitos para el diagnóstico son que el inicio de los síntomas se haya producido durante la infancia y que haya seguido una persistencia de por vida […] hasta el momento de la evaluación».

Que las pruebas arrojen indicios de una infancia condicionada por el TDAH me tuvo, como buen *overthinker*, semanas rumiando cómo puede ser posible que arrastre desde la niñez una dispersión mental y una impulsividad pasada de vueltas, y que nadie se hubiera dado cuenta hasta que me estalló en las manos décadas después.

Coincido en esto que dicen de que asimilar un diagnóstico tardío de orden psiquiátrico puede compararse a un duelo por pérdida. Pensar que mi vida podría haber tenido un rumbo distinto justifica el sentimiento de impotencia y desconsuelo, y no negaré que estos años he ido atravesando las fases de negación, enfado, negociación, tristeza y aceptación. Publicar un libro de estas características lleva implícita la aceptación, al menos a título personal, mientras que la aceptación de los demás ahora me importa más bien poco. Como mandan los cánones del TDAH, toca resignarse, aprender y volver a empezar de cero.

Ahora que tengo las fases del duelo resueltas, me vuelvo a situar en aquella tarde-noche en la que descubrí que el TDAH en fase adulta no brota como los champiñones, sino que se gesta a lo largo de la infancia, la adolescencia y la adultez. En ese momento, leí «sintomatología actual y en la infancia» y me pregunté... ¿a quién dirijo mi fase de enfado por lo me está pasando treinta años después?

BORN TO BE WILD, PERO FLOJITO

No hay mayor tópico en torno al TDAH que la imagen del niño pecoso con una tirita en la rodilla y el tirachinas asomando por el bolsillo trasero del pantalón; una figura muy presente en la literatura infantil estadounidense donde las andanzas de Tom Sawyer y Huckleberry Flynn encuentran continuidad en la cultura del cómic y los dibujos animados. A bote pronto, me vienen a la cabeza personajes como Bart Simpson, que no necesita presentación, o mi adorado Calvin, de *Calvin and Hobbes*, otro niño de unos siete años, intenso hasta la médula, escandaloso y divertidamente temerario que encuentra grandes dificultades para prestar atención y respetar cualquier figura de autoridad. Su compañero de aventuras es Hobbes, un peluche-tigre con el que mantiene profundas charlas momentos antes de acostarse.

¿Podría la personalidad de Calvin cuadrar con lo que hoy entendemos por rasgos compatibles con el TDAH de tipo combinado? Me atrevería a decir que sí. Solapados probablemente con un trastorno del espectro autista en grado moderado, diría yo. Un chaval dispuesto a deslizarse por la nieve a toda velocidad con su trineo sorteando rocas y troncos mientras bromea a grito pelado con un tigre de peluche no se ve muy equilibrado, pero ahí se supone que está la gracia del *problem child*. Esta figura está presente también en el cine y la televisión, donde disponemos de un nutrido catálogo de personajes con un don para el estropicio. Junior, de la saga de sobremesa dominical *Este chico es un demonio*, o el protagonista encarnado por Macaulay Culkin en *Solo en casa* son algunos de sus principales exponentes.

También estamos bien surtidos de este arquetípico personaje de ficción en el viejo continente. Daniel el Travieso, Zipi y Zape, Jaimito... No es casualidad que los ejemplos anteriores respondan a perfiles masculinos. Hacen *cosas de chiquillos* y por eso se supone que hacen gracia sus chaladuras. Esta personalidad desenfrenada ha tenido sin embargo una menor representación femenina en la ficción. Salvo excepciones como Pippi Calzaslargas o la indomable Tank Girl, a las chicas de las historietas infantiles y juveniles se les ha reservado el papel de contrapunto sensato del protagonista alocado, ya que tradicionalmente se ha permitido más el *asilvestramiento* de los chavales, en masculino. La hiperactividad forma parte del juego, de modo que, en el contexto educativo de las décadas de los ochenta y los noventa muy mal se tenía que portar alguien de clase para tener la opción de ser diagnosticado de algún tipo de trastorno mental relacionado con la conducta. Al fin y al cabo, los críos es lo que hacen: correr, saltar, pelearse y romper ventanas a pedradas para ver quién es el más gamberro. El riesgo en este caso sería etiquetar como TDAH a un niño que hace estas cosas por llamar la atención o por imponerse al resto, que sería el comportamiento opuesto al de las niñas o los niños formales que enmascaran sus desórdenes con habilidad.

Al guardar la mayoría de los diagnósticos de TDAH relación con el fracaso escolar o el mal comportamiento, cuando el rendimiento académico es favorable y la criatura se comporta resulta más difícil detectarlo. Es un asunto meramente cultural, donde la combinación entre sobrediagnóstico por falsos positivos e infradiagnóstico a causa del *masking* podría, efectivamente, explicar la enorme brecha con una ratio de 3:1 que sigue existiendo entre niños y niñas a la hora de identificar, e incluso medicar el TDAH. Por consultar un informe menos polémico y más actual que el de Biederman sobre los subtipos que se comentaban páginas atrás, hay otro estudio de 2011 del Instituto Nacional de Salud Mental estadounidense donde se corrobora que, efectivamente, la cantidad de niñas diagnosticadas con TDAH es tres veces inferior a la de niños; unas diferencias entre géneros que invitan a pensar que hay algo que se nos escapa.

A las niñas que jugaban alejadas de los peligros de las porterías y las canchas de baloncesto nos acercábamos los chavales que teníamos pánico a recibir un *trallazo* en el estómago o la cara con el mítico Mikasa FT-5, que más que un balón aquello parecía un obús.

Hoy pienso que haber sido un niño aparentemente reservado y tranquilo llevó mis impulsividades por otros derroteros. Cuando no estaba jugando al escondite con mis amigas me sentaba en una esquina con mi cuaderno y mis pinturas a dibujar esqueletos armados con lanzallamas y lindezas por el estilo.

Quiero pensar que los pocos balonazos que me caían no eran intencionados, porque me llevaba bien con casi todo el patio de colegio, incluidas personas de cursos superiores e inferiores. Hablaba con todo el mundo, ahí estaba mi *oversharing* dando señales inequívocas, y no podría enumerar los cientos de veces que me han mandado a callar en clase. Leo en los informes de la época que en la escuela era inquieto y parlanchín, y a pesar de que rara vez bajara del notable, en las anotaciones escritas a mano en dichos informes se repite la misma coletilla: «No se esfuerza lo suficiente».

DOBLE EXCEPCIONALIDAD

Como aporta algo de luz a lo tardío de mi diagnóstico, he querido reservar para este capítulo una sección de mi informe de evaluación diagnóstica que sí que me pilló desprevenido. Fue una suerte que me evaluara una persona tan metódica como la que lo hizo, quien, tras dos horas y media de cuestionarios estandarizados, sugirió terminar con un test K-Bit o Test Breve de Inteligencia Kaufmann.

Someterme al test K-Bit, diseñado para «medir la inteligencia general de individuos de los cuatro a los noventa años», exigía exprimir mi cerbero un poco más. Ofreciéndome un caramelo, Iker —el psicólogo— me explicó que el repunte de glucosa aportaría combustible suficiente para esa media hora extra: «No es obligatorio, pero convendría salir de dudas». Recuerdo quitar el envoltorio del caramelo mirándole a los ojos y sintiéndome Neo el de *Matrix*. Considerando que en la recta final de la evaluación mi cerebro tampoco estaba para muchos trotes, el test de inteligencia es la parte que me tomo con mayor prudencia de todas las pruebas llevadas a cabo aquella tarde.

Según los resultados del K-Bit, mi inteligencia verbal es «muy superior». Saber que tengo «habilidades lingüísticas muy superiores» no es algo que me sorprenda, dado que he pasado más de cuarenta años buscando la forma de explicarme. De hecho, me está llevando todo un libro intentar hacerlo. Además de esto, se ve que también tengo una «inteligencia no-verbal superior». Bajo mi punto de vista, la inteligencia no-verbal evalúa la capacidad para resolver problemas, y como me ha tocado escabullirme de unos cuantos entuertos a lo largo de esta vida, los resultados los veo coherentes.

Al coexistir unas altas capacidades con un problema de salud mental como el TDAH —lo que se conoce como doble excepcionalidad— no se dedican las habilidades intelectuales a prosperar, sino a compensar las limitaciones del trastorno a base de resignación, aprendizaje, esfuerzo… y mucho *masking*. Se van resolviendo los problemas que surgen por el camino y esta apariencia de funcionalidad es la que hace posible la integración.

Aunque el frágil equilibrio entre cometer errores y resolverlos se descompensara en ocasiones, en la infancia y en la adolescencia se cuenta con más apoyos y pueden salvarse con ayuda, pero lo que ocurre con los casos de doble excepcionalidad es que, tarde o temprano, llega una edad en la que no solo aumentan las exigencias del entorno, sino que además se dispone de menos apoyos. Casi de un día para otro la balanza termina por descompensarse hacia el platillo de la parte disfuncional, y es entonces cuando se complica la existencia, con problemas de inadaptación, económicos, laborales o sociales que van creciendo exponencialmente en un peligroso efecto bola de nieve hasta llegar a un punto tan al límite donde —en el mejor de los casos— se produce el diagnóstico tardío en fase adulta.

Estoy convencido de que ser un niño aplicado me privó de tumbarme en un diván por razones extraacadémicas. Quizá hoy mi perfil hubiera activado otros protocolos, pero en mi época solo recibían atención psicológica quienes se metían en jaleos o repetían curso. Puede que en el enclave educativo actual levantara algunas sospechas. También puede que no. De todas formas, eran otros tiempos, así que me no le veo ningún sentido a señalar al sistema educativo de la época como culpable de mi situación actual.

Por su sencillez y duración, las pruebas K-Bit no están entre las principales que hay que tener en cuenta para medir el cociente intelectual. Sí que pueden orientar de cara a valoraciones más exhaustivas, pero por el momento no veo la necesidad de seguir indagando. No era el test de inteligencia óptimo ni las condiciones idóneas para realizarlo, y por eso me tomo los resultados con la debida precaución; lo que sí que parece claro es que mi caso podría incluirse entre los de *doble excepcionalidad*, donde unas altas capacidades intelectuales comparten cerebro con una condición mental que las limita.

Que el cociente intelectual también arroje un resultado por encima de la media me tiene atascado en la fase de negación con respecto a las altas capacidades, o al menos en un camino medio entre la negación y la incertidumbre. ¿Responden a un mecanismo adaptativo para compensar las dificultades del TDAH o ambas condiciones han compartido espacio en todo momento eclipsándose mutuamente?

INFANCIA RURALIZADA

El cuestionario DIVA no es más que una forma simplificada de aplicar los criterios del manual DSM-5 para la detección del TDAH. Echando un vistazo a los requisitos que especifican ambas herramientas diagnósticas, para tener TDAH no bastaría con presentar síntomas en el momento del diagnóstico, sino que debe estar presente durante más de seis meses y haber «interferido con el funcionamiento en el hogar o la escuela» desde antes de los doce años. Descartada la escuela, queda pensar en el hogar como fuente de todos mis males, pero en esta fase de enfado en la que quise buscar culpables tampoco los encontré en casa. Mi vida extraescolar y mi infancia no fueron iguales que las de todos los niños; fueron diferentes, y yo diría que mejores.

Después de clase, había quien se quedaba en la escuela dos tardes a la semana para entrenar. Los sábados por la mañana jugaban un partido de baloncesto, futbol o hockey contra equipos de otras escuelas… Nunca me han llamado la atención los deportes grupales, así que todo eso no lo tuve. Tampoco fui a solfeo o catequesis, ni pasé mis tardes de domingo en los soportales de ningún barrio. En vez de eso, viví una infancia felizmente vinculada a lo rural, algo que por otra parte le vino de perlas a mis desórdenes para pasar desapercibidos.

Entre los seis y los doce años, prácticamente todos los fines de semana de mi niñez transcurrieron en un enorme caserío que disfrutábamos entre tres familias que apostaban —apostábamos— por un estilo de vida *hippie* que hoy podría entenderse como una versión 1.0 de las escapadas que se hacen de vez en cuando a las casas rurales, con la diferencia de que allí nos plantábamos un fin de semana tras otro sin importar el parte meteorológico ni la estación del año.

Cada viernes por la tarde, los tres coches iban llegando para pasar el fin de semana en un entorno donde mi TDAH encontró, literalmente, todo el campo que necesitaba para correr. En este ambiente a media hora por carretera de nuestras casas era imposible aburrirse o parar quieto. Teníamos bicis, patines de chapa de estos que se acoplan al zapato con hebillas y correas, escaleras por las que caer rodando las veces que hiciera falta, una pradera enorme y un peral frente a la puerta que no sé cuántas veces habré escalado. Los niños —cinco niños y una niña— llevábamos chándales de la misma marca y color, comprados a la vez, que se guardaban en un mueble de la planta de arriba. Si te caías a un charco, subías las escaleras, cambiabas el pantalón embarrado por uno limpio y volvías con el grupo a seguir donde lo dejaste.

Aunque los horarios fueran bastante marcados —muy recomendable para el TDAH, también— no había muchas más normas. Desayunar, comer y cenar todos juntos en la cocina, turnos fijos para la higiene y el descanso, caminatas el domingo al mediodía para comer en el pueblo de al lado… unas rutinas establecidas para lo básico y libertad de movimiento para todo lo demás. Ahora que sé el bien que le hacen a mi trastorno llevar una vida estructurada, el aire libre y el ejercicio físico, aquel fue un buen entrenamiento, desde luego. Tener programadas las tareas básicas y acatar ciertas normas deja mucho tiempo libre. Una vez te habías cepillado los dientes después de desayunar, hasta el mediodía podías quedarte a jugar con el grupo o salir por tu cuenta a pasar la mañana recolectando moras, buscando renacuajos en el riachuelo que bajaba pegado a la carretera, molestando a las lagartijas con un palo... Imposible que el TDAH destaque con un ocio y un tiempo libre de tanta calidad.

De todos estos recuerdos he podido hacer memoria revisando álbumes familiares. En muchas de las fotos, mi imagen sale movida. Tengo dos o tres de ellas encaramado al árbol que había frente a la casa y otra en blanco y negro en la que me cuelgo —con el brazo en cabestrillo— de la *liana* de un sauce en plan Tarzán... Quizá sí que había algún indicio de esta impulsividad, pero no destacaba del comportamiento del resto porque lo normal allí era hacer el cabra.

Para bien o para mal, pienso que este caserío moldeó la personalidad que tengo hoy, y quizá por eso mismo no he encontrado mi lugar en el patio de la escuela. Las emociones del recreo o de las actividades extraescolares —hice natación y taekwondo— no me llenaban como aventurarme por un bosque nevado a buscar piñas para la chimenea, y echando la vista atrás pienso que me costaba encontrar emociones y establecer lazos de amistad fuera de esta burbuja que construyeron nuestras familias con la idea de que creciéramos en un entorno natural y saludable.

Se nos permitía ser todo lo silvestres que quisiéramos, y asilvestrado me quedé. Aquel caserío me hacía sentir diferente, y puede ser que por eso siempre haya buscado las emociones en *lo diferente*.

INCIDENTES AISLADOS

De fantasía siempre he ido sobrado, y la impulsividad no siempre se lleva bien con la creatividad. Una vez, estando en clase, intenté afilarme un meñique con el sacapuntas, por ejemplo. Nada grave, apenas una uña partida. Ni siquiera me hice sangre, pero hoy pienso que, si hay que fijar un debut para mi trastorno, sería este preciso instante en que meto el meñique derecho en el sacapuntas y lo giro con firmeza para satisfacer mi curiosidad; el punto exacto donde, a mi entender, se enciende la mecha de la impulsividad sin miedo a unas consecuencias que ni siquiera tuve tiempo de sopesar.

Este salto de la imaginación a la acción sin aplicar unos filtros mínimamente sensatos es para mí la evidencia de que algo en la cabeza de este niño no va bien. Lógicamente, estamos ante uno de mis primeros recuerdos escolares, si no el primero.

Entiendo que, si de pequeño hacía cosas raras, estas pasaron desapercibidas porque las llevaba a cabo discretamente. Si se oculta lo sucedido, es como si no hubiera pasado. Con los años perfeccioné la técnica de elaborar coartadas para hacer cosas fuera de lugar y combatir el aburrimiento desarrollando diferentes estrategias para saciar mis inquietudes sin llamar la atención. Como me costaba sentarme en el pupitre una hora seguida, un recurso habitual consistía en despuntar lápices adrede para levantarme del asiento y sacarle punta en la papelera.

A los once o doce años rediseñé esta estrategia convenciendo a mi tutora —y al resto del profesorado— de que llevaba lentillas, explicándoles que de vez en cuando tenía que salir al baño con la excusa de ponérmelas bien cuando se descolocaran. Supongo que vi que a mi padre le pasaba algunas veces, y lo hice imitando sus gestos. «Vaya, otra vez la lentilla». Pinzaba la lentilla imaginaria de la mesa, me echaba la mano al ojo y salía de clase fingiendo prisa; pegaba un par de saltos por el pasillo, me mojaba un poco los ojos para hacer el paripé y volvía a los pocos minutos para sentarme en mi pupitre bastante más relajado. No sé por cuánto tiempo mantuve esta farsa, pero sí que tocó a su fin una tarde que me sacaron a la pizarra para poner algún ejemplo de la palabra *patraña*.

Me quité un peso de encima explicando delante de toda la clase que esto de las lentillas era una excusa para salir a pasearme de tanto en cuanto, y generó tal desconcierto que ni siquiera recuerdo que la tutora lo comentara con mi familia. No tuvo repercusiones y me sentí bien confesando y pidiendo disculpas, pero hoy pienso que no habría estado de más que alguien hubiera dado parte. Eran otros tiempos.

PRIMER PREMIO

Como el *time blindness* me dificulta mucho ubicar sucesos en una línea temporal, para ayudarme a ordenar estos episodios autorreferenciales he rebuscado objetos de mi pasado en los que se puede leer la fecha. Como por lo visto la franja de edad de los doce años es determinante, he buscado fotografías del caserío con el año marcado al dorso, informes escolares, carnets de la Federación de Taekwondo con mi foto de chaval… No sabría decir si algo me pasó con ocho, diez o doce años, por lo que estos artículos —tenerlos a la vista, poderlos tocar—, me facilitan la labor de hacer memoria.

Uno de estos objetos es un trofeo de latón que tengo aquí a mi izquierda. En la placa se puede leer que en diciembre de 1988 recogía el premio al mejor guion de la categoría infantil del IV Concurso de Guiñol de Gipuzkoa. Si este trozo de metal es del 88, entonces tenía doce años. Para participar en el concurso, organizamos varios grupos en clase. Las funciones que presentábamos se interpretaban con marionetas y decorados de diseño propio, confeccionadas en clase de manualidades. A lo largo del trimestre, en las clases de lengua trabajábamos en el guion y los diálogos. Otras veces ensayábamos la obra delante de la clase... aquel fue un ejercicio multidisciplinar del que guardo un gran recuerdo.

¿El argumento? Como castigo por sus travesuras, la directora de la escuela manda al protagonista al infierno, y en cuestión de horas el demonio se harta de sus fechorías y lo manda de vuelta a la escuela. El escarmiento funciona, el chaval promete ser bueno de ahí en adelante, y colorín colorado, este relato que podría formar parte del *Struwwelpeter* de Hoffmann se ha acabado.

Me imagino muy intenso —como eufemismo de pesado— en la fase de guion, pero no solo reconozco mi sello personal en el argumento, sino que veo también destellos de mí *esencia TDAH* en la forma de complicarnos la vida para representar la obra, donde la bajada a los infiernos se recreaba espolvoreando polvos de talco en grandes cantidades; un efecto especial que provocaba más tos que asombro. Lo pasé en grande inundando de talco los gimnasios, patios de recreo y comedores por donde tuvimos la oportunidad de defender nuestra anárquica función, y disfruté cada minuto de aquella actividad escolar. Casi puedo verme cargando de un colegio a otro nuestros tres decorados —aula, infierno y patio de recreo—, y aún hoy me hace ilusión que un jurado valorase y premiase tanta dedicación.

Me pregunto si el resto del grupo disfrutó de la experiencia como lo hice yo. Hoy sé que cuando me desborda la pasión pierdo las formas, y apostaría que no fue fácil formar equipo conmigo. Intuyo que sacaría a pasear este carácter mandón y controlador que me ha acompañado toda la vida, y me imagino como un mocoso insoportable dirigiendo todo aquello: «Cuidado con esos decorados, equipo, que es material frágil». Ser autoritario y perfeccionista encabezan la lista de conductas que se deben corregir del repertorio de mi TDAH, y este premio de guiñol de 1988 simboliza para mí las virtudes y carencias de mis desórdenes.

Con el tiempo, este trofeo se ha ganado un hueco en mis saturadas estanterías. Tengo hasta una foto recogiendo el premio en las tablas del Teatro Principal de San Sebastián. Por si había dudas, aunque se trataba de un trabajo en equipo me las arreglé para ser el responsable de subir al escenario a recibirlo junto a un amigo. La satisfacción que sentí en aquella ceremonia de entrega la he sentido muy pocas veces en la vida, y disfruté el proceso de una forma como no he vuelto a hacerlo en proyectos posteriores, a mi paso por la universidad ni, lamentablemente, en cualquiera de los trabajos que he desempeñado hasta hoy, que son unos cuantos. Con el tiempo, he sabido que esto puede deberse a que mi cerebro no es demasiado hábil gestionando la dopamina, y que necesita mayores estímulos, además de unas condiciones ambientales y motivacionales idóneas para alcanzar umbrales mínimos de satisfacción.

Me queda la espinita de que nadie viera en este logro la oportunidad de seguir alimentando mi pulsión creativa. ¿De qué sirve un ejercicio escolar tan completo y transversal si nadie saca unas conclusiones? ¿Por qué nadie sugirió unas actividades extraescolares acordes a mis inquietudes y habilidades?

A finales de los ochenta, si no te apuntabas a solfeo o catequesis, te tocaba hacer ejercicio. A mí me federaron en taekwondo, una disciplina en la que llegué a cinturón marrón escaqueándome de los combates con la excusa del asma. Me asustaba pelear y las artes marciales no estimulaban mi intelecto, pero ir dos veces por semana a pegar patadas y gritos a un gimnasio seguro que le vino bien a mi TDAH, que seguía sin provocar interferencias destacables en mi vida a pesar de haber asomado ya unas cuantas veces sin llamar la atención.

No tiene sentido perder el tiempo pensando si habría tenido una adultez menos problemática de haberse detectado ciertas particularidades en mi infancia. Detectar una doble excepcionalidad en el contexto educativo de la época, simplemente no era posible. Para los estándares de entonces yo era un chaval normal tirando a resuelto que no se esforzaba «lo suficiente», y como ni el TDAH ni las altas capacidades eran elementos para tener en cuenta, en mi caso ambas condiciones se anularon entre sí. Esta es la única explicación que encuentro a que mis desórdenes hayan volado bajo el radar hasta que las exigencias del entorno se impusieron.

No es lo mismo adaptarse a las dinámicas de un patio del colegio que a las del mercado laboral, como tampoco es lo mismo acatar las normas de la escuela y la familia que integrarse en un engranaje social pensado para una mayoría mentalmente estable. Tarde o temprano el castillo de naipes se derrumba, y que el mío se viniera abajo en plena *crisis de los cuarenta* fue lo que me llevó al diagnóstico. En el fondo tuve suerte de que a partir de mi derrumbe solo me llevara tres años dar con el problema.

EL CASO *WANDERLUST*

A raíz de mi diagnóstico he podido conocer a varias personas con TDAH adulto de diagnóstico tardío y ninguna vive actualmente en su lugar de nacimiento. Anna es de Polonia y ahora está en Madrid, Asier es guipuzcoano, pero vive en Ponferrada, Leire, que es también vasca, se fue de erasmus a Ámsterdam y allí sigue… No es raro que el *estilo de vida TDAH* venga marcado por un carácter nómada que se puede extender del plano geográfico a otros aspectos como el académico, laboral, social y afectivo, ya que además de los cambios de ubicación, también son frecuentes las indecisiones a la hora de estudiar una carrera —o tener varios títulos—, saltar de un puesto de trabajo a otro o entrar y salir de diferentes círculos sociales sin llegar a echar raíces en ninguno.

Este *plurinomadismo* lo he vivido desde antes incluso de cumplir la mayoría de edad. Mi número actualmente parece haberse estancado en el de la buena suerte porque, aunque ya vaya para los trece años que llegué al pueblo donde vivo —ubicado a pocos kilómetros de mi ciudad natal—, a mis cuarenta y siete años he protagonizado 14 mudanzas, de las cuales solo recuerdo 13 porque en la primera tenía dos años. Las estadísticas son engañosas, pero de media saldrían a una mudanza cada tres años y medio. En mis más de veinte años de profesión he trabajado también en 13 farmacias distintas —media, 18 meses por farmacia— de cinco localidades diferentes, por lo que ha sido inevitable que haya despertado mi curiosidad una condición genética heredable que responde a las siglas DRD4-7R, también conocida como la mutación del gen viajero o gen *wanderlust*.

Ignoro si soy portador de la mutación *wanderlust* porque no me he hecho las pruebas, pero lo que está claro es que su existencia, lejos de ser un mito, es una realidad comprobable. A la fuerza, en los últimos años hemos aprendido lo que son las PCR. Por desgracia, quien más quien menos se ha tenido que hacer una recientemente, y la detección del gen viajero se lleva a cabo mediante procedimientos similares.

Al módico precio de 149 dólares, nos podemos hacer con el Wanderlust Gene Test en la tienda *online* de los laboratorios canadienses Genex Diagnostics, por ejemplo, aunque también los hay más baratos, como el de Dynamic DNA Labs de Springfield, Missouri, que solo cuesta 49 dólares. Por supuesto, no tengo ni idea de cuál será más fiable, o de si serán fiables en absoluto, pero ya vemos que hay formas de saber si alguien porta este polimorfismo genético DRD4-7R del que vamos a hablar.

Si bien las pruebas PCR que conocemos detectan los genomas víricos de la covid, la gripe o de ambas a la vez, existen también PCR para identificar particularidades del genoma humano como este polimorfismo DRD4-7R —también conocido como gen de la aventura o gen *wanderlust*— del que se estima que sería portadora aproximadamente un 20 % de la población mundial. No es una errata tipográfica, si juntamos a cinco personas por la calle y les hacemos unas pruebas de saliva para detectar el polimorfismo genético *wanderlust*, según las estadísticas una de estas cinco personas daría positivo. Si se estima que un 2 % de la población mundial tiene los ojos verdes, habría 10 veces más personas con la mutación DRD4-7R.

Sin ser por tanto un rasgo genético muy exótico, está demostrado que el polimorfismo DRD4-7R imprime a quien lo presenta un carácter propenso al cambio y la aventura. El vocablo *wanderlust* lo forman las palabras de origen alemán *wandern* y *lust*, que significan deambular y afición, respectivamente. En inglés, vagabundo se dice *wanderer*, mientras que la palabra anglófona *lust* remite también a pasiones desinhibidas, por lo que el término *wanderlust* describiría la necesidad que sienten algunas personas por explorar nuevos territorios, en sentido literal o figurado. En inglés se habla de *novelty seekers* o personalidades que persiguen la novedad, y aquí le decimos ser una persona salsera, de culo inquieto o mal asiento.

MUTANDO VOY, MUTANDO VENGO

En mi búsqueda incesante por dar con una pista sobre el TDAH, al menos una, que traspase las barreras de la especulación y los métodos diagnósticos subjetivos, invertí más semanas de las necesarias tratando de averiguar por qué el gen que responde a las siglas DRD4 —con la coletilla 7R o sin ella— acapara las miradas de quienes estudian el TDAH desde una perspectiva genómica. Como la cosa va de mutaciones, lo suyo sería apuntar que estas no suelen ser tan fortuitas como describen las historietas de Spiderman o el Increíble Hulk, ni tan aparatosas como nos hacen ver en Hollywood. Por seguir con el ejemplo del Sars-CoV, hemos tenido la desgracia de comprobar su desbordante variabilidad genética, ya que jugó al escondite con nuestro sistema inmunitario mutando a variantes delta, ómicron, omega o la que tocara en su momento. En las oleadas más virulentas de la pandemia, estas mutaciones se llegaron a producir con meses, incluso semanas de margen entre unas y otras, porque es a base de mutaciones como subsisten los virus.

En cuanto a la especie humana, no hace falta que le pique ningún bicho radiactivo para presentar tramos mutantes en el genoma. Explicado en pocas palabras, en el mundo animal y vegetal las mutaciones se van sucediendo por mera cuestión estadística, y si aportan alguna ventaja evolutiva se instalan en un porcentaje determinado de la población. Por poner un ejemplo de los accidentes genéticos más exitosos en humanoides, una variación del gen MC1R habría sido la causa de que algunos neandertales se volvieran pelirrojos. Es más, que hoy existan personas portadoras de esta misma mutación sería una de las razones que invitan a pensar que se produjeron hibridaciones entre *sapiens* y neandertales.

Aparte de evidenciar un mestizaje entre neandertales y los humanos modernos antes de que se extinguieran los primeros, que esta mutación del gen MC1R perviva en el genoma—que millones de años después sigan habitando el planeta personas pelirrojas— nos da una idea de que algunas mutaciones no solo son beneficiosas, sino que pueden llegar para quedarse.

En el caso del MC1R mutado, se piensa que las personas con esta variante—también hay un porcentaje de castaños y morenos con estas trazas de pelirrojismo— tienen un mayor umbral de tolerancia al dolor, y que son más sensibles a los cambios de temperatura. Seguramente por eso mismo echaron a andar, encontrándose por el camino nuevas tierras —incluso especies— por conquistar, lo que favorecería las hibridaciones mencionadas.

Volviendo al DRD4-7R, sin duda ha sido la más misteriosa de mis investigaciones en el tiempo que llevo trabajando en este ensayo. Como los algoritmos de Instagram y Tiktok no dejaban de abrasarme con el tema —hay mucho *influencer* del TDAH enarbolando esta bandera del gen *wanderlust*—, mi curiosidad me ha llevado a investigar hasta qué punto podrían estar relacionados el TDAH y esta mutación bastante común que cursa, y esto también está comprobado, con una menor sensibilidad hacia los efectos de la dopamina.

La secuencia DRD4 de nuestro genoma lleva dando muestras de su extraordinaria plasticidad desde que el *Homo* es *sapiens*. Viejo conocido de quienes bucean entre cromosomas, la nomenclatura del gen DRD4 describe su funcionalidad, por participar en la construcción de los receptores D4 para la dopamina. Tenemos cinco tipos de receptores para la dopamina, y el D4 sería uno de ellos. De momento, lo que necesitamos saber es que el DRD4 viene de *Dopamine Receptor D4 Gene*, porque es el gen que codifica la formación de los receptores D4 de la dopamina.

Como se sabe que este tramo del genoma es excepcionalmente mutable, al estar tan implicado en los procesos de la dopamina este gen y todas sus variables despertaron desde su hallazgo un gran interés por parte de la industria farmacéutica. Ya en 1993, la multinacional Merck describía el tramo DRD4 como «una de las proteínas funcionales más cambiantes»[6], puesto que se conocen hasta once variables o polimorfismos, con numeraciones que van de la 2R a la 11R. Esto es como si hubiera once variables de color de ojos o de pelo, pero reflejadas en esta pequeña secuencia genética que regula la sensibilidad hacia la dopamina, es decir, que puede haber diferentes tipos de receptor DRD4 igual que hay diferentes colores de ojos, y se piensa que el menos sensible a la dopamina es el codificado por el polimorfismo 7R o gen *wanderlust*.

A principios de este siglo, en el año 2001, el especialista en biomarcadores Yuan Chun-Dingh cuantificará la distribución estadística de estas once variables en nuestra especie, identificando al 65 % de la población como portadora de la versión conocida como polimorfismo 4R, que es la más frecuente. Igual que se puede determinar que hay en torno a un 80 %

---

[6] Lichter, Jay B. et al. «A hypervariable segment in the human dopamine receptor D4 (DRD4) gene». *Human Molecular Genetics* 2, n.º 6 (1993): 767–73. https://doi.org/10.1093/hmg/2.6.767.

de la población mundial con los ojos marrones, los ensayos de Yuan determinan que si juntamos 10 personas al azar, 6 o 7 tendrán receptores D4 para la dopamina construidos según las instrucciones que dicta el DRD4-4R, que es el mayoritario, con una sensibilidad *normal* a la dopamina y sus efectos. Explicado por encima, *la coletilla* 4R se debe a que la forma que tiene este gen consta de cuatro, llamémoslas *dobleces*. Hay mutaciones con más o menos pliegues, y el mayoritario tiene cuatro.

En segunda posición de prevalencia estadística, y aquí viene lo interesante, se encuentra el polimorfismo DRD4-7R o gen *wanderlust*, una versión con siete pliegues presente en un 20 % de la población, es decir, dos personas de este grupo de diez que hemos parado por la calle. Tampoco está mal. Según cifras internacionales comprobadas en innumerables ocasiones, una de cada cinco personas sería portadora del polimorfismo que presenta un *tramo mutante* de siete dobleces que, por alguna razón, es menos sensible a la dopamina y se muestra predispuesta a perseguir la novedad.

El interés que despierta el polimorfismo del gen *wanderlust*, en comparación a las otras diez presentaciones del mismo gen, se debe a la edad evolutiva que se le presupone, ya que se estima que esta mutación se habría instalado con carácter permanente en una de cada cinco personas hace 40 000 años, que fue una época evolutivamente convulsa. Según se extrae de las conclusiones del profesor Yuan, es posible estimar la edad de este polimorfismo en función a la sofisticada complejidad de sus siete pliegues —como quien cuenta las anillas de un árbol—, y se calcula que llevó cientos de miles de años de selección evolutiva dar por terminadas las florituras del alelo 7R del gen DRD4 antes de afianzarlas en un porcentaje nada desdeñable de la especie humana.

Desmontando a *WANDERLUST*

Aunque parezca mucho tiempo, en términos evolutivos cuatrocientos siglos no son nada, y estimando que esta instalación coincide con el auge tecnológico de los asentamientos paleolíticos, resulta tentador otorgar cierto protagonismo a la población que estrenaba la versión DRD4-7R por aquel entonces.

Entendiendo las mutaciones como la forma que tiene la naturaleza de poner a prueba nuestra adaptabilidad a través del ensayo y el error, Yuan subraya la tentación de especular que «la aparición de nueva tecnología paleolítica o el desarrollo de la agricultura puedan guardar relación» con la personalidad inconformista que confiere este polimorfismo DRD4-7R. Quizá, dice el investigador, «individuos con rasgos de personalidad como la búsqueda permanente de novedades [...] impulsaron la expansión» del *Homo sapiens* y quién sabe si no sería un factor decisivo en la supremacía del *sapiens* frente al neandertal, que también se extinguió por esas fechas.

Es inevitable acordarse de nuestro amigo Sam, el disruptivo adolescente fabricante de lanzas. ¿Cabría la posibilidad de que fuera uno de los primeros homínidos con una mutación en el gen que expresa un manejo de la dopamina menos efectivo? Respaldarían estas hipótesis decenas de estudios, que revelan una mayor incidencia del gen DRD4-7R en poblaciones tradicionalmente nómadas, como los estudios antropológicos —por elegir uno de tantos— llevados a cabo en la Universidad de Illinois en 2008 donde se compararon las diferentes prevalencias del gen *wanderlust* entre tribus nómadas y tribus asentadas en el norte de Kenia.

Qué fácil es perderse entre tanto informe fascinante. La psiquiatra Paula Rothhammer, de la Universidad de Chile, destaca la prevalencia del polimorfismo 7R en la población chilena de origen europeo. Como curiosidad, el informe determina que la población rapa nui expresa de forma mayoritaria la mutación

2R, un polimorfismo —esta vez de dos dobleces— prácticamente exclusivo de la población de origen asiático, también asociado a la pulsión viajera y el TDAH. Aquí me empiezo a perder un poco como investigador, pero los resultados invitan a pensar que, efectivamente, de los 11 polimorfismos existentes del DRD4, algunos construyen receptores de la dopamina más eficaces que otros, y que las distribuciones geográficas de estas mutaciones guardan relación con los desplazamientos de tiempos pretéritos. Que otras investigaciones relacionen el polimorfismo 2R asiático con los rasgos impulsivos de un determinado porcentaje de la población asiática con tendencia a la ludopatía o la infidelidad —que también son otras formas de aventura— conlleva implicaciones raciales peliagudas.

Volviendo a la mutación 7R, se supone que lo que diferencia al gen *wanderlust* de otras variables del DRD4 es que da lugar a la construcción de receptores D4 con una afinidad anormalmente baja a la dopamina. Dicho de otra forma, está demostrado que quienes portan la mutación 7R *wanderlust* presentan una gestión menos eficaz de la dopamina en comparación a la población 4R mayoritaria, y se especula que esta característica pueda dar lugar a personalidades crónicamente insatisfechas, capaces de lanzarse a la aventura cuando el ambiente que las rodea ya no tiene nada que ofrecer o si lo que aporta el entorno se interpreta como hostil. Según esto, las dos de cada diez personas genéticamente condicionadas a cambiar de aires y perseguir la novedad a la mínima de cambio tendrían enfrente a otras seis para las que la zona de confort es suficientemente satisfactoria como para activar los mecanismos de estímulo recompensa relacionados con la dopamina y decir eso de «pues yo no cambiaría nada, que no estamos tan mal».

Dicho así, no parece descabellado pensar que para garantizar el desarrollo del *Homo sapiens* como especie, la selección natural conserve esta mutación activa en un porcentaje de la población, cuya mayor predisposición a probar cosas nuevas contribuiría a dichos avances. Las diferencias genéticas y neuroanatómicas que dotarían a ese 20 % de portadores y portadoras del DRD4-7R de un carácter inconformista, curioso y echado *p´alante*, con predisposición a forzar un poco los límites cuando la zona de confort no les satisface, y una habilidad extraordinaria para salir *por patas* cuando el entorno se interpreta como hostil.

Si es verdad que la mutación del alelo 7R llegó cuando llegó y la selección natural no la ha borrado del mapa, por algo será.

NI ESTÁN TODOS LOS QUE SON…

Llegados a este punto, lo fácil es barrer para casa desde la perspectiva del trastornado al que se le presupone una baja sensibilidad a la dopamina, así como establecer una relación directa entre la apatía motivacional del TDAH y la que obliga a quien expresa el gen *wanderlust* a prender fuego a sus zonas de confort sin mirar atrás. Por eso hay tanto *influencer* TDAH defendiendo que los rasgos que definen el trastorno son poco menos que el superpoder que necesitaba la humanidad para adelantar por la derecha a los neandertales. Sin embargo, por mucho que se parezcan ambas personalidades, no es posible establecer una correlación directa entre este inconformismo y búsqueda de la novedad que imprime el gen *wanderlust* y las almas de los tratados hipocráticos que saltaban sin remedio de una impresión a la siguiente.

No son pocos los estudios que han intentado —a mi entender, sin éxito— relacionar TDAH y *wanderlust*. Hay trabajos muy antiguos, como el llevado cabo a mediados de los noventa por Gerald J. LaHoste, profesor retirado de la Universidad de New Orleans. Buscando la conexión entre ambas condiciones, LaHoste llegó a detectar una mayor prevalencia del gen *wanderlust* en las personas con TDAH sometidas a estudio —que no en todas—, mientras que en el grupo control, había también quien no presentaba ni rastro de TDAH, pero sí del polimorfismo 7R.

Si el estudio de LaHoste se titula «El polimorfismo DRD4-7R se asocia con el TDAH…»[7] ¿por qué no girar la tortilla y extraer conclusiones a la inversa? Lo que evidencian estos ensayos es que se puede tener TDAH sin dar positivo en *wanderlust*, ya que si —tirando por lo bajo— hay un 5 % de prevalencia de TDAH y el DRD4-7R lo lleva en su genoma el 20 % de la población, hasta la persona más torpe con los números entenderá que hay muchas personas con un «espíritu *wanderlust*» corriéndole por los genes cuyas inquietudes inconformistas no las han llevado por los caminos del TDAH.

DOPAMINA Y PERCEPCIÓN

Esta del polimorfismo 7R es, sin embargo, una cuestión intrigante, y mis averiguaciones me han llevado a informes más actuales que se plantean la forma en que percibimos el entorno las personas con una baja sensibilidad a la dopamina, sea cual sea el origen de dicha condición. Hace algo más de diez años —en 2011— la prensa *online* de la Universidad de Cambridge se hacía eco del artículo titulado «Susceptibilidad diferencial del entorno de crianza dependiendo de genes relacionados con la dopamina», de la psicóloga holandesa Marian Bakermans, que entrelazaría las implicaciones genéticas de diferencias en las sensibilidades hacia la dopamina con la propia educación. La conclusión simplista pasa por afirmar que no hace falta portar la mutación DRD4-7R para llevar una vida influenciada por el gen *wanderlust*, basta con tenerla cerca. Considerando que, recordemos, una de cada cinco personas presentaría este polimorfismo, las implicaciones sociales y familiares

---

[7] LaHoste, G J et al. «Dopamine D4 receptor gene polymorphism is associated with attention deficit hyperactivity disorder». *Molecular psychiatry* vol. 1,2 (1996): 121-4.

pueden ser tan evidentes como impredecibles, por lo que no dependerán de factores genéticos, sino también de elementos ambientales, culturales y educacionales.

Hace bien poco, en el año 2015, el pediatra J. G. Gehrike —especialista en trastornos del espectro autista y del neurodesarrollo— realizó un experimento para *leer* la reactividad de un grupo de 26 participantes ante estímulos desagradables o incómodos, detectando mayores incrementos de actividad cerebral en personas *wanderlust positivo* frente a los resultados del polimorfismo *no aventurero* mayoritario.

Del estudio de Gehrike llama la atención, en primer lugar, su duración, ya que en total se prolongó unos veinte años. Hacia 1995, se *reclutaron* para el ensayo 144 niños y niñas con edades comprendidas entre los siete y los nueve años. Por razones varias, en el año 2010 el número de participantes se redujo a menos de la mitad, y de este grupo se seleccionaron 13 personas portadoras del polimorfismo 7R o gen *wanderlust* y otras tantas que expresaban el polimorfismo 4R, elegidas por ser el más frecuente en la población. Las pruebas a las que fue sometido este variado grupo fueron sencillas. Ante un pase de imágenes desagradables —insectos con aspecto peligroso, lesiones físicas con mala pinta o expresiones faciales intimidantes— se les pedía que valorasen cada imagen del 1 al 4, entre «neutral» y «extremadamente desagradable». Intercaladas entre las imágenes incómodas, había otras tantas de tipo neutro como un paisaje, un utensilio de cocina o una cara inexpresiva.

Comparando las valoraciones por escrito con los registros de neuroimagen realizados en el transcurso de las pruebas, pudo comprobarse que el cerebro de una persona con el gen de la aventura reacciona en mayor medida a los estímulos desagradables del entorno. Por contra, los resultados de las pruebas por escrito revelaron pocas diferencias. Las evidencias de Gehrike sugieren que o bien los participantes 4R notifican más sensaciones de las que perciben a nivel cerebral o los 7R notifican de menos sobre el papel.

Quien sienta confort en su entorno —DRD4-4R— entenderá la imagen de una brecha en la cabeza o una tarántula como amenazantes, pero el cerebro reacciona en menor medida, por lo que podrían estar exagerando por escrito las emociones que les despierta una imagen así. «Sé que una pierna partida es un problema, pero qué le vamos a hacer, la vida es así. De todas formas, pondré que *muy desagradable*». Por otro lado, el *cerebro wanderlust* podría sentirse amenazado y ver peligros donde nos lo hay. «Vaya, una cara neutra. Seguro que algo trama, voy a poner que *neutro*, aunque no me inspire confianza». El lápiz dice *neutro* y los registros indican actividad cerebral de alerta.

FARAONE Y EL CÚMULO DE CIRCUNSTANCIAS

En el último tramo de mis averiguaciones, he querido investigar si tiene o no importancia que coincidan en una misma persona el gen *wanderlust* y el TDAH porque por estadística esto pasa.

En estas últimas pesquisas, encuentro que muchos textos académicos citan el trabajo del genetista Stephen Faraone, quien enumera en el año 2005 unas cuantas mutaciones aparte del polimorfismo *wanderlust* que podrían dar lugar a bajas sensibilidades a la dopamina. DRD5, SLC6A3, SNAP-25 y HTR1B...

A la larga retahíla de Faraone habría que añadirle las alteraciones genéticas sugeridas por el profesor Russell Barkley al año siguiente, con el punto de mira sobre los alelos DAT1 40bp VNTR o la mutación DBH TaqI A2, que se enumeran a mero título informativo porque como digo, el caso *wanderlust* empieza a venirme gigantesco.

En términos generales, tanto Faraone como Barkley apuntan a un efecto aditivo de factores genéticos como desencadenante de que una persona desarrolle o no un TDAH, así como a condicionantes ajenos a la genética o etiogenéticos. Es decir, que además de la carretilla de genes que pueda llevar una persona en su genoma por herencia, destaca igualmente la importancia de factores ambientales del entorno —escuela, trabajo, dinámicas familiares y sociales—, y sería todo este cúmulo de circunstancias, propias y ajenas, las que determinarán que unas personas desarrollen o no un trastorno por déficit de atención e hiperactividad. No sería sensato, por tanto, apostarlo todo a la carta del gen *wanderlust*.

Por más que investigue sigue pendiente la pregunta del millón: ¿qué pasa cuando coinciden DRD4-7R y TDAH en una misma persona? Echando mano de investigaciones recientes, un estudio del año 2019 establece diferencias significativas incluso a nivel morfológico en el grosor y la girificación de la corteza del cerebro cuando conviven ambas condiciones.

Por lo visto, cuando el TDAH y el polimorfismo DRD4-7R coexisten, se presentan en la niñez reducciones observables tanto del grosor como de la girificación de la corteza prefrontal, atribuibles a los efectos de la baja influencia de la dopamina en su neurodesarrollo. Estudios anteriores —Philip Shaw, 2007— dan también cuenta de este menor grosor cortical en la infancia, pero dada la plasticidad del cerebro y de las funciones que regula la dopamina, se sugiere que la convivencia entre un desarrollo ineficaz del córtex prefrontal a causa del TDAH y una mayor reactividad cerebral atribuible al gen *wanderlust* compensarían en cierto modo tanto desbarajuste. Esto haría que las manifestaciones clínicas del TDAH fueran menos apreciables, dando lugar a diagnósticos tardíos, erróneos o infradiagnósticos, y llevándonos de vuelta al capítulo en el que se habla del carácter esquivo del diagnóstico en los casos de doble excepcionalidad.

CUANDO LO RARO SE NORMALIZA

Todo tiene cabida bajo el paraguas del modelo de los «pequeños genes de múltiples efectos» y la doble influencia de la mochila genética y el entorno puede dar lugar a una variedad inabarcable de casos. Si un linaje es tradicionalmente nómada, en esa familia lo normal será ser una persona con inquietudes y estas personalidades no llamarán la atención, ni despertará preocupación que alguien ande dando tumbos de aquí para allá toda la vida.

Ahí tenemos a mi tía Carmen, que vive y trabaja en Madrid siendo de San Sebastián. Su padre —mi abuelo— fue un grandísimo viajero del que tampoco daré muchos datos para no hablar demasiado de los míos, y luego está mi padre, que nació en San Sebastián, pero ha vivido en ciudades como León, Córdoba o Valencia, y su abuelo —mi bisabuelo Germán— que también se ve que fue un buen pieza. Con la genética y la selección natural se produce un fenómeno innegable, y es que las personas que se sienten afines forman clanes que perpetúan estas retahílas genéticas a las que hacen referencia Faraone y Barkley, por lo que no importa demasiado tener o no tener TDAH o el gen viajero, porque las tradiciones familiares normalizan las inquietudes características que imprime el trastorno.

En la familia estas cosas son normales. Es normal salir adelante a pesar de las dificultades, y es normal afrontar las amenazas del entorno minimizándolas a pesar de que generen una sensación de alerta. Personalidades eternamente inconformistas «típicas de la familia» y linajes enteros que normalizan una actitud crítica ante la vida y una intención de mejorar las cosas o buscar otro lugar donde ser más feliz si es necesario. Aquí el problema estaría en que un pequeño porcentaje de personas, aproximadamente el 5 % según las estadísticas, sí que presenta problemas añadidos para interpretar el entorno y coordinar las funciones ejecutivas que permitan llevar a cabo estos planes de huida o acción, por lo que el problema iría más allá de construir receptores D4 para la dopamina algo menos sensibles.

Al doblar la esquina nos espera la época en que un dispositivo doméstico escanee nuestro cuerpo —cerebro incluido—, coteje los parámetros obtenidos con cifras oficiales según la edad y sugiera un riesgo de padecer TDAH, con su probabilidad de acierto y todo. Estamos a unos años de poder pasar estas imágenes del cerebro a una *tablet* o a un *smartphone* y que un ChatGPT nos haga una entrevista diagnóstica como el DIVA, interprete estos datos e incluso le sugiera, si se tercia, un tratamiento farmacológico a nuestro médico de cabecera para que valide todo el proceso.

En supermercados como Wallmart ya hay multitud de pruebas genéticas comerciales —de paternidad, de intolerancia alimentaria—, así que pronto podremos hacer también PCR para confirmar si el porcentaje de riesgo de TDAH aumenta al dar positivo en el DRD4-7R. Si la prueba da positivo en esta o cualquier otra mutación de la retahíla de genes sospechosos sugerida por Faraone y Barkley, la cosa estaría bastante clara. ¿Seguro?

¿Qué hacemos entonces si saltan todas las alarmas diagnósticas y no se presenta ni rastro de TDAH? O pongámonos en el caso contrario, donde las pruebas psicotécnicas indican una presencia inequívoca de TDAH, pero ni el rastreo genético ni las pruebas de neuroimagen respaldan estos resultados. ¿Serviría de algo prescribir en este caso una medicación pensada para estimular cortezas ineficaces aumentando los niveles de dopamina? Muy a mi pesar, el caso *wanderlust* se queda abierto.

DOPAMINA COMO PUEDAS

Al ser el cerebro un órgano de muy difícil acceso, tampoco es fácil dar con verdades absolutas cuando se investigan las causas que originan anomalías de carácter neurológico. Los mayores expertos parecen no ponerse de acuerdo a la hora de describir los mecanismos del TDAH, pero esto es algo que ocurre también con dolencias neurológicas *de toda la vida* como la esquizofrenia o los trastornos de la personalidad, que llevan siglos rodeados de incertidumbre.

La epilepsia sería un buen ejemplo de lo herméticos que siguen siendo estos males para la ciencia en la actualidad. Aunque por lo aparatoso de sus manifestaciones esta dolencia lleve milenios siendo objeto de estudio, sorprende la cantidad de crisis que se archivan como epilepsias idiopáticas o de origen desconocido.

Aparte de esto, el TDAH juega con la desventaja de que sus manifestaciones no resaltan como las alucinaciones propias de la esquizofrenia o los temblores del párkinson. Al ser un trastorno que afecta a la inhibición y la concentración, los episodios en los que destaca se interpretan como salidas de tono, problemas de actitud o, simplemente, falta de educación, lo que hace que la sintomatología nuclear se trate de corregir sin darle mayor importancia.

Para entender cómo funciona —o cómo no funciona— mi cerebro en determinadas situaciones, pero sobre todo para ser capaz de explicárselo a otras personas, he tenido que montarme *mi propia película* simplificando conceptos que pesco de aquí y de allá. Como afectado, encuentro una alarmante falta de información al respecto, pero a pesar de las dificultades hay una fuerza que me impulsa a dejar constancia de todo lo vivido y de los aprendizajes que me han traído hasta aquí.

Al haber tantas hipótesis y tanta opinión en torno al TDAH, no puedo decir que documentarse para este ensayo haya sido un paseo por el parque. ¿El origen del problema? Todos y ninguno. Se habla de condicionantes genéticos, traumas infanto-juveniles, presiones ambientales, daños por exposición prolongada a sustancias psicoactivas durante el embarazo o en edades de crecimiento, y se señalan también otras posibles causas, a saber: traumatismos craneoencefálicos o episodios cerebrovasculares como un infarto cerebral o un aneurisma. Aisladas o combinadas entre sí, en teoría todas estas causas podrían provocar una sintomatología compatible con el TDAH.

ACERCA DE LA DOPAMINA

Con tantas opciones disponibles sería imposible señalar una sola causa como origen del problema, pero sí cabe destacar que parece que hay unanimidad en señalar a la corteza prefrontal como epicentro de todo el asunto, y más concretamente al pobre aprovechamiento que se hace de la dopamina en esta región específica del cerebro.

Durante décadas, la liberación de dopamina se ha señalado como la recompensa placentera que nos brinda el cerebro a cuenta del deber cumplido. Según este modelo algo caduco, trazamos un plan, actuamos en consecuencia y en caso de alcanzar nuestro objetivo, la dopamina circulante propina sensaciones satisfactorias que guardamos en el recuerdo. La próxima vez que nos veamos en una parecida, actuaremos de forma similar persiguiendo las mismas sensaciones, y así es como se mantendría el cerebro motivado para seguir alcanzando logros y tachando cosas de la lista.

Investigaciones posteriores cuestionan esta finalidad placentera de la dopamina. En el año 2012, un trabajo de la especialista Mercè Correa en colaboración con la Universidad de Connecticut sugiere que este neurotransmisor actúa como un anticipo liberado para ponernos en marcha, y no tanto como recompensa placentera en caso de éxito. Sostener la actividad de la dopamina contribuiría también a prestar a un quehacer la atención y dedicación suficientes —concentración, intensidad, persistencia— como para alcanzar el objetivo que se persiga.

La dopamina estaría por lo tanto relacionada con la coordinación de las acciones o funciones ejecutivas que movilizan nuestros actos hacia una meta, y no tanto con ejercer de recompensa placentera en caso de alcanzarla. Según este modelo más actualizado, la dopamina nos impulsaría a empezar algo, así como a perseverar hasta completar la tarea o desistir si así lo indican las señales.

Pensar en la dopamina como elemento motivacional de los circuitos de estímulo y recompensa —y no como la recompensa en sí misma— supone un cambio de paradigma importante según el cual la dopamina nos impulsará a realizar esfuerzos y movilizar las funciones ejecutivas tengamos éxito o no.

Estamos diseñados para el aprendizaje, y qué mejor aprendizaje que la frustración. Si movilizamos reservas de dopamina para poner en marcha una estrategia que fracasa, el cerebro toma nota igualmente. La memoria de experiencias insatisfactorias previas deja una impronta que activaría los mecanismos inhibitorios que sean necesarios si se repite una situación parecida.

En estrecha relación con lo que entendemos por aprendizaje, el córtex prefrontal y la dopamina contribuyen a la asignación de balances emocionales en función de experiencias previas. Balances positivos lanzarían señales para iniciar o sostener acciones que nos convienen, y el mismo mecanismo determinaría también el momento de echar el freno cuando toca hacerlo. Implicada en la predicción de eventos, la zona frontal del cerebro es descrita en muchos textos como un director de orquesta que, en base a experiencias previas, decide cuándo actuar, qué recursos movilizar para hacerlo y cómo replantear una estrategia o arrojar la toalla en caso de no tener otra opción.

EL FRENO PEREZOSO

Aquí llega la pirueta lingüística que afecta de lleno al TDAH, ya que la inhibición es un acto voluntario que consume recursos igual que lo hace la puesta en marcha. Como el TDAH presenta, entre otras, limitaciones en el freno y la inhibición, se estima que la dopamina y el mal aprovechamiento que se hace de esta en algunas partes del cerebro estarían detrás de las manifestaciones características del trastorno, como son la hiperactividad y la atención poco consistente.

Como su propio nombre indica, el córtex prefrontal es la corteza que recubre la parte del cerebro que queda a la altura de la frente, y comparte protagonismo junto con la dopamina en toda publicación que trate de dar una explicación neurofisiológica al TDAH. Por lo sofisticado de las funciones que regulan, se sabe que las regiones prefrontales del cerebro son el resultado de miles de siglos de puestas a punto evolutivas, siendo en estos *dos dedos de frente* donde se rigen —dopamina mediante— habilidades cognitivas *tan de Homo sapiens* como el cálculo numérico, la noción del tiempo o la planificación de tareas, por citar algunas.

En condiciones normales, el córtex prefrontal promoverá o inhibirá acciones en función a este aprendizaje basado en la memoria química de la que se hablaba hace un rato. Reajustando balances neuroquímicos con base en experiencias previas, en la

114

corteza prefrontal se dará luz verde a iniciar funciones ejecutivas y persistir el tiempo que sea conveniente, a la vez que la predicción de resultados desfavorables indicará el momento de parar. Dicho de otro modo, tener o no tener *dos dedos de frente* determinará —casi en sentido literal— si hay que actuar o no, cuándo hacerlo y qué recursos movilizar para ello, y la moneda de cambio para coordinar estas funciones sería la dopamina.

Además de motivar y sostener acciones por su implicación en los mecanismos de estímulo y recompensa mencionados, en el córtex también se promueve la inhibición de impulsos cuando se augure un mal resultado. En vista de que el TDAH consiste básicamente en tener una personalidad de impulsos irregulares, lo siguiente sería preguntarse por qué algunas personas tenemos serios problemas para ponernos en marcha, centrar la atención o inhibirnos.

Las claves para comprender las inconsistencias del TDAH y su tratamiento farmacológico pasan por tener en cuenta, esto hay que repetirlo una vez más, que la inhibición es un acto voluntario. Que se lo digan si no a quien está a dieta o intenta dejar de fumar.

Incluso una vez diagnosticado, me llevó un tiempo entender que la hiperactividad no viene de pisar el acelerador, sino de tener problemas con el freno. Aminorar la marcha o detenerse no es, ni mucho menos, una acción pasiva como cuando atraviesas un lago en piragua y te detienes si dejas de remar. Más que una piragua, la corteza prefrontal es una torre de control donde cada tarea que coordina, y esto incluye el frenado, consume recursos en forma de neurotransmisores como la dopamina.

Poner en marcha una locomotora requiere de la movilización de unos determinados recursos, y que esta marcha se sostenga hasta la siguiente estación, de otros. Detenerse una vez más, volver a arrancar, seguir a buen ritmo hasta la siguiente parada… Se movilizan recursos durante todo el recorrido. Cada vez que arranca, para mantener la marcha, para detenerse en cada estación, tocar el silbato, arrancar de nuevo, todo eso consume recursos y alguien los tiene que coordinar. Explicado mal y pronto, todo esto lo hace la corteza prefrontal a cambio de dopamina y otros neurotransmisores.

Un símil que empleo a veces para explicar por qué el TDAH responde bien al tratamiento con psicoestimulantes es que al maquinista que tenemos a los mandos de la corteza prefrontal no se le da muy bien emprender la marcha o frenar. A mí me gusta imaginármelo como un pitufo minúsculo, con su gorra de maquinista y todo. Ignoro cuál es el problema que tendrá mi operario, pero a raíz del diagnóstico quise averiguar por qué necesita de mayores estímulos tanto para arrancar como para frenar. No sé si será un trabajador perezoso o si las pastillas de freno están en mal estado. Puede que no sea capaz de aprovechar bien la dopamina que le llega o que le llegue poco combustible.

Sea como sea, este peculiar operario necesita una mayor presencia de dopamina si queremos que cumpla su labor. Todo indica que el desorden que nos ocupa podría tener como origen un menor aprovechamiento de la dopamina. Porque el córtex es más fino, porque está dañado, porque los receptores son menos sensibles a la dopamina… por lo que sea. Esto limitaría la actividad de los circuitos frontocerebrales, y si el córtex prefrontal no alcanza los umbrales de actividad suficientes como para que desarrollen sus funciones, se vería afectada, entre otras, la función inhibitoria de frenado. ¿Misterio resuelto? No tanto. Otra versión algo distinta a esta insensibilidad hacia la dopamina señalaría a una escasez crónica del neurotransmisor, pero con tal de avanzar, nos quedaremos con la idea de que en un cerebro con TDAH la dopamina se aprovecha peor, y que esto supondría un esfuerzo extra a la hora de inhibirse.

Rumorología neuronal

Si observamos en el microscopio los tejidos cerebrales, veremos neuronas, formadas por un cuerpo celular con su correspondiente núcleo. Conocemos bien la típica ilustración de una neurona, con ramificaciones características —llamadas dendritas— que nacen de sus cuerpos. A grandes rasgos, las dendritas pueden entenderse como minúsculas antenas, destinadas a captar las señales neuroquímicas circulantes; neurotransmisores como la dopamina que revolotean entre las neuronas hasta que las dendritas los atrapan.

La neurotransmisión se parece mucho a la propagación de un rumor en un vecindario. El espacio que separa una neurona de su vecina —o espacio sináptico— es el patio donde se producen los vaivenes en el tráfico de mensajes químicos entre neuronas para transmitir información. Si la neurona receptora capta el neurotransmisor con sus antenas, trasladarlo al siguiente patio sináptico contribuirá a la propagación de la señal. Cuando entra una molécula de dopamina —o de serotonina, o de noradrenalina— en *casa* de la neurona receptora, se transporta a través de un tubo llamado axón, de manera parecida a como se transmite la electricidad.

Con una función similar al recubrimiento aislante de los cables eléctricos, la mielina es una proteína de un color blanco que protege los cables que parten del cuerpo de cada neurona hacia la *miga* del cerebro, que es blanca precisamente por el recubrimiento de mielina.

Un corte transversal del cerebro mostrará una parte interna que se verá blanca por el recubrimiento mielínico de los axones, mientras que el área externa del cerebro —la corteza o córtex— está formada mayoritariamente por dendritas y sus ramificaciones, que le aportan el color grisáceo característico. Por seguir simplificando, podemos pensar en el cerebro como una coliflor de corazón blanquecino —un carnoso amasijo de axones cubiertos de mielina— recubierto de una corteza formada por los cuerpos de las neuronas, pequeñas dendritas a la caza del neurotransmisor, que viajará desde la superficie de nuestras coliflores hacia la *miga* del sistema.

En el momento de nacer, el cerebro no es plenamente funcional. Del tamaño del cráneo del bebé podemos deducir que el volumen cerebral seguirá creciendo unos años más, esto no hace falta ni decirlo, pero quizá sea menos conocido el hecho de que la anatomía de las estructuras blanca y gris —miga y corteza— se irán moldeando con la edad a medida que aumentan las exigencias del entorno. Además de esto, la parte carnosa del cerebro y la corteza que lo recubre no se desarrollan de manera simultánea.

Abandonadas las comodidades uterinas, en las primeras etapas del neurodesarrollo urge echar todo el cableado del que hablábamos; engrosar esta parte carnosa formada por el amasijo de axones que a edades tempranas irá recubierto por una delicada corteza. Por una cuestión de supervivencia, se prioriza el perfeccionamiento de las áreas donde se desarrollan los cinco sentidos y la motricidad —ver, oír, tocar, gatear—, dejando para más tarde el engrosamiento y maduración de la corteza, con funciones de mayor complejidad desde el punto de vista evolutivo.

En su toma de contacto con el mundo, el bebé dispone por tanto de una menor densidad cortical; lo justo para captar la información necesaria con la que manejarse en tierra firme. A medida que aumentan las exigencias del entorno, así lo hace el grosor de la corteza cerebral, de modo que con la edad irá perfeccionando el acabado de regiones como la prefrontal, que asumirá las funciones cognitivas más sofisticadas del ser humano.

En general, este ensayo parte de suposiciones simplificadas, como que un cerebro con TDAH presenta complicaciones en el desarrollo del córtex prefrontal, le cuesta alcanzar los umbrales mínimos de dopamina y, por esta razón, no cumple al cien por cien con sus cometidos. Por los patios sinápticos circulan también otros neurotransmisores, como la adrenalina o la serotonina, pero nos centraremos en la dopamina porque es un neurotransmisor cuyo funcionamiento se intuye afectado en el TDAH. Todo esto, como digo, son suposiciones explicadas muy a la ligera que me han servido para entender mejor los desórdenes que conlleva el trastorno que me ha tocado en gracia.

«A VER SI MADURAMOS UN POQUITO»

En la corteza prefrontal residen la capacidad para el cálculo numérico, las habilidades comunicativas y sociales, la comprensión del entorno, la interpretación de sucesos o la puesta en marcha de funciones ejecutivas que proporcionen respuestas adecuadas a lo que acontece o de la inhibición de impulsos. Esta corteza es de gran plasticidad, y se va moldeando y completando a lo largo de la infancia, adolescencia y, posiblemente, también de la edad adulta. Una disminución del engrosamiento del córtex en las últimas etapas del neurodesarrollo completaría el proceso de *horneado* encefálico.

Así las cosas, un cerebro que se desarrolla *con normalidad* —aquí harían falta muchas comillas— perfecciona su acabado hasta alcanzar su estado óptimo de maduración. Dependiendo de las fuentes consultadas, habrá también discrepancias con respecto a la edad a la que se alcanza la madurez neurológica. Tradicionalmente se ha dicho que llega al final de la adolescencia, coincidiendo con la plenitud del desarrollo del resto de la anatomía, mientras que corrientes más actuales defienden que el moldeado del cerebro no concluye hasta cumplidos los treinta.

Un informe elaborado hace unos diez años por la neurocientífica Sarah-Jayne Blakemore para el Instituto de Neurociencia Cognitiva de Londres asegura que el neurodesarrollo podría concluir a edades que rondan los cuarenta. Según sugiere este mismo estudio, la última zona en completar su desarrollo sería la que tenemos a la altura de la frente o corteza prefrontal. Del mismo modo que se acepta que el TDAH se corresponde con un mal aprovechamiento de la dopamina en la corteza prefrontal, se da también por bueno el planteamiento de que pueda tener su origen en un cierto retraso madurativo en dichas estructuras.

Si se valida la cadena de suposiciones que apuntan a anomalías prefrontales como causa más probable del TDAH, quedaría determinar el origen de estas. Que el TDAH se presente como una condición altamente heredable invita a pensar que estamos ante un trastorno con una importante base genética. Según este planteamiento, el crecimiento y grosor de la corteza cerebral, incluso la forma y la profundidad de los pliegues que la forman, podrían ser cosa de familia. Igual que hay quien tiene la nariz de la tía Maricarmen o los ojos del bisabuelo Germán, otras características fisiológicas inapreciables, como la forma del cerebro, el grosor de la corteza o los pliegues que presenta podrían estar igualmente predestinadas. Otros factores que pueden condicionar el desarrollo de la corteza prefrontal son la exposición continuada a sustancias psicoactivas, ya sea por iniciativa propia en la adolescencia y juventud como de forma involuntaria durante el embarazo y la lactancia. Un estado hipodopaminérgico basal —producir menos dopamina de lo normal— podría también ocasionar disfunciones prefrontales y comportamientos compatibles con el TDAH, ya que presentar una actividad dopamínica anormalmente baja comprometería a nuestro pequeño maquinista.

¿Y si a pesar de tener flujos de dopamina normales no se cuenta con los receptores adecuados para aprovecharla? En otro de los supuestos, si las neuronas no disponen de la cantidad de receptores suficientes para *pescar* la dopamina o si dichos receptores son menos sensibles a su presencia, tal y como pasa con quienes portan el gen DRD4-7R del que se hablaba en el capítulo anterior, también daría lugar a una gestión menos eficaz del neurotransmisor.

Aparte de la predisposición genética, las agresiones tóxicas externas o un plantel poco eficiente de receptores para la dopamina, algo tan sencillo como un simple golpe en la cabeza en edad de crecimiento podría afectar igualmente al neurodesarrollo. Una pedrada en la frente siendo crío, vaya. O que se produzca algún episodio cerebrovascular —ictus, trombos, infartos— que provoque deterioros irreversibles en estas regiones prefrontales dando lugar a sintomatología similar a la del TDAH, con una falta de inhibición y problemas de memoria que no se tenían antes del incidente.

De toda la información que ha caído en mis manos estos años, esta es la versión que me encaja con la forma en que siento que se ha desarrollado mi propio TDAH. Sin saber cuál puede ser el origen de esto, un mal aprovechamiento de la dopamina afectaría a la coordinación y puesta en marcha de lo que se conoce como funciones ejecutivas, y como reprimirse es una función como cualquier otra, las dificultades para coordinar la inhibición de impulsos explicarían la hiperactividad mental y motora que me han gobernado siempre.

SIMPATÍA POR LA DMN

Si los problemas de hiperactividad se pueden deber a que la corteza prefrontal no funciona como se espera… ¿podría esto mismo explicar las dificultades para centrar la atención que completan la nomenclatura del TDAH?

En el año 2001, Marcus Raichle y su equipo definen la red neuronal por defecto —o DMN, acrónimo de *Default Mode Network*— como un conjunto de regiones o nodos que se activa cuando no estamos haciendo nada, al tiempo que se silencian cuando nos disponemos a emprender una acción. Empleando un símil boticario, mientras el cuerpo reposa, algunas regiones del cerebro se quedarían *de guardia* a modo de servicios mínimos introspectivos.

Raichle —reconocido experto en neuroimagen que sigue hoy en activo con cuarenta años de oficio— definió en su día cierta intermitencia entre las funciones cerebrales ejecutivas destinadas a hacer cosas y las destinadas a la quietud o el reposo. No confundir reposo con sueño, que eso va aparte; hablamos del *dolce far niente* de toda la vida. De tocarse las narices, por no decir otra cosa.

En un cerebro bien sincronizado, las actividades de las regiones DMN para la imaginación y las de las regiones ejecutivas se van turnando como si hubiera un interruptor entre ambas. Es lo que Raichle contribuye a definir como actividades antisincrónicas. Cuando las funciones ejecutivas cesan —cuando paramos de hacer lo que estemos haciendo— la DMN se activa y se pone a revisar estados internos. Esta red neuronal por defecto, estos servicios mínimos, se quedan activos cuando descansamos y responderían a un estado mental de relajo y quietud en el que aprovechamos para pensar en nuestras cosas.

La sincronía intermitente entre la DMN y las funciones ejecutivas es una realidad fisiológica medible. Para definir y demostrar las funciones de la DMN, Raichle midió el consumo de oxígeno en diferentes regiones del cerebro, lo que le llevó a observar altibajos metabólicos en diferentes escenarios y contextos, y de los resultados obtenidos se extrajo que, paradójicamente, la actividad de algunas regiones encefálicas aumenta cuando no hacemos nada más que mirar a las musarañas. Los ensayos llevados a cabo en su día por Marcus Raichle demostraron por tanto la existencia de una DMN basal que se activa y nos pone en modo introspectivo, pensativo, imaginativo… se le pueden poner muchos nombres a este estado mental que se mantendrá operativo hasta que haya algo que hacer.

A mí me gusta comparar la red neuronal por defecto o DMN con el salvapantallas de un ordenador. En cuanto surge algo que hacer, el modo salvapantallas debería desactivarse automáticamente para que se enciendan las regiones destinadas al desempeño de tareas concretas. Se tiene el salvapantallas pasando las fotos recientes del móvil o panorámicas del Cañón del Colorado, y cuando hace falta, se sale del *modo descanso* y se abre el procesador de textos o el correo electrónico. Aquí el modo salvapantallas debería apagarse. Con las regiones destinadas a la reflexión —que son los nodos DMN—, pasaría algo parecido.

Según el modelo de Marcus Raichle, para entrar en acción es importante que el cerebro deje de pensar en sus historias. Ante cualquier asunto que requiera nuestra atención, este modo introspectivo cede el mando a las funciones ejecutivas para reaccionar en tiempo y forma siempre que la situación lo requiera. Una vez resuelta la incidencia, la DMN basal vuelve a poner el cerebro en modo salvapantallas; un *standby* que seguirá mostrando pensamientos varios para que vayamos decidiendo qué hacer con ellos.

Seis años después del importante hallazgo de Raichle, el dúo formado por Edmund Sonuga-Barke y F. Xavier Castellanos se lo lleva al terreno del TDAH. A estas alturas del libro no sorprenderá que el córtex prefrontal esté implicado en dichas alternancias o que una corteza prefrontal poco eficiente, como la que se presupone para el TDAH, presente dificultades para coordinar todo este baile de encendidos y apagados. Según parece, apagar el modo introspectivo para ponerse *manos a la obra* es otra de las funciones que no van finas en el TDAH.

De los ensayos de Sonuga-Barke y Castellanos se concluye que la puesta en marcha de las funciones ejecutivas no estaría sincronizada con el apagado de la DMN o *modo salvapantallas*, lo que dejaría abierto el grifo de ideas y ocurrencias, favoreciendo que las distracciones internas —pensamientos, preocupaciones, ideas— interrumpan el desempeño de la tarea más sencilla.

En el lado opuesto de la balanza, algo también muy típico del TDAH es la agitación motora cuando se supone que toca guardar reposo. Una rodilla que no para quieta, el tamborileo de los dedos sobre la mesa, enroscar un mechón de pelo compulsivamente… ese tipo de cosas serían señales de que hay una falta de sincronía entre el encendido y apagado de las funciones ejecutivas y el modo reposo.

Como tantos otros modelos teóricos, el de Sonuga-Barke y Castellanos tiene sus limitaciones, pero como gracias a este planteamiento ahora me hago una idea de por qué a mi cerebro le cuesta pensar con claridad, a mí me cuadra. Me explico muchas cosas dando por bueno que una característica de mi TDAH es que el grifo de la imaginación no cierra bien, ya que el TDAH —al menos el que me ha tocado a mí— solo deja de provocar un murmullo interno cuando el cerebro duerme. De ahí me viene esto de enmarañar hasta el planteamiento más sencillo en el transcurso de una tarea o irme tanto por las ramas cuando intento explicar algo.

Las dificultades para silenciar la introspección no son fácilmente detectables desde el exterior. Hasta mi diagnóstico, pensaba que eso era lo normal, y que en todas las cabezas hay un flujo constante de ocurrencias sin filtrar. De niño, de adolescente, y hasta hace bien poco, creía que las ideas se presentan en todos los cerebros como la caótica banda sonora que retumba en el mío desde que amanezco hasta que me echo a dormir. Me ha llevado más de cuarenta años comprender que en algunos cerebros hay menos barullo.

Tener los nodos de la DMN más reactivos de lo normal explicaría la creatividad que caracteriza a muchas de las personas que padecemos estos desajustes. Estoy pensando en publicistas, guionistas, músicos, fotógrafos y demás profesionales que, de una forma u otra, viven de su imaginación. La expresión *pensar fuera de la caja* resume bien estas aptitudes tan apreciadas en la industria de la moda, los videojuegos, la música o las artes gráficas, por poner algunos ejemplos, y no son pocos los sectores donde la tendencia a analizar obsesivamente una misma situación desde diferentes perspectivas se considera un talento.

Además de los oficios tradicionalmente creativos, un perfil imaginativo y *con salidas para todo* es también muy apreciado en situaciones de crisis, negociación o emergencia. Si pensamos que un asunto tiene solución, la DMN de una persona con TDAH no dejará de aportar ocurrencias, pensamientos e ideas buenas, malas o regulares, hasta dar con la forma de resolver el problema. Es como un *brainstorming* en el que participa una sola persona.

El bombardeo de pensamientos en el desempeño de una tarea estaría muy bien si todo lo que aporta la DMN basal fuesen ideas brillantes, pero lo cierto es que la ratio de genialidades versus ocurrencias *al tuntún* inclina la balanza hacia estas últimas. Por otro lado, el gran inconveniente de tener el área DMN descontrolada son las horas de reposo echadas a perder analizando situaciones para atar todos los cabos. Ocurre también que la DMN suele centrarse más en lo malo que en lo bueno. El cerebro TDAH rastrea el peligro, y recrea los peores escenarios posibles ante incidentes sin importancia o que ni siquiera existen. Esto ahoga en un vaso de agua a quien vive, a quienes vivimos, en un análisis permanente de la situación, y es por eso por lo que la comunidad TDAH *online* de habla inglesa juega con las semejanzas entre el acrónimo DMN y la palabra *demon*.

LA TRIBU DE LOS BRADLEY

Si tengo que ser sincero, en mis años de facultad no fui demasiado a clase. Tan solo le dedicaba al estudio el tiempo necesario para ir aprobando. No obstante, y a pesar de no ser algo vocacional, el oficio de farmacéutico ha sido mi sustento durante más de veinte años, y eso es tiempo suficiente como para aprender a desenvolverme y a respetar una profesión que me esfuerzo en ejercer lo mejor que sé.

Tampoco me importa reconocer que siento cierta envidia sana por colegas de profesión con más facilidad que yo para entender los mecanismos de acción y las aplicaciones de cada uno de los medicamentos. Mi punto fuerte es el mostrador. Soy bueno aclarando dudas y, aunque a veces tenga que refrescar la memoria leyendo el prospecto antes de hacerlo, la verdad es que dar explicaciones siempre se me ha dado bien.

En un imprevisto giro de los acontecimientos, pienso que mi formación universitaria me ha sido de gran ayuda para comprender el TDAH desde la perspectiva de la evidencia científica; sobre todo en lo que respecta a la medicación, que me ha tenido que intrigar por fuerza. Como *a priori* parece una insensatez tratar la hiperactividad con psicoestimulantes, en esta ocasión me ha tocado ser mi propio paciente con dudas que, por supuesto, he tratado de resolver con el mismo esmero que le pongo cuando trabajo.

Llama mucho la atención que desórdenes que cursan con hiperactividad respondan misteriosamente bien a tratamientos con algunos psicoestimulantes, y esta es la gran paradoja que acompaña a la farmacoterapia del TDAH desde hace casi cien años. Para entender cómo se llegó a este curioso descubrimiento, lo mejor es hacerlo desde su mismo origen. La pregunta es obligada: ¿quién en su sano juicio tuvo la ocurrencia de tratar con anfetaminas a niños, niñas y adolescentes con trastornos que cursaban con hiperactividad?

HALLAZGOS DE CHIRIPA

Como muchos otros avances científicos, la estrategia de tratar el TDAH con psicoestimulantes se basa en inesperados descubrimientos surgidos en el día a día de la investigación.

Tomemos el ejemplo de la penicilina, el más célebre de estos *hallazgos sorpresa* de los que estamos hablando. Alexander Fleming trabajaba en su laboratorio con un puñado de cultivos bacterianos, y algunas de sus placas Petri, que así se llaman las láminas circulares donde se *plantan* las bacterias, se contaminaron por accidente. Son cosas que pasan, pero al científico le llamó la atención que el hongo contaminante fulminara las bacterias con las que entraba en contacto.

Hay muchos tipos de moho; esta vez se trató de una contaminación de una cepa poco común del hongo *Penicillium notatum*. Reorientando sus investigaciones a estudiar los halos libres de patógenos surgidos alrededor de dicho hongo, Fleming descubrió la penicilina. Por mucho que se quiera especular sobre las condiciones higiénicas de su laboratorio, fueron la capacidad de observación y la habilidad de redirigir su mirada las que le valieron a Fleming no solo el Premio Nobel de Medicina, sino también el título de Sir.

Los fármacos que actúan sobre la circulación sanguínea también han ocasionado numerosas carambolas farmacológicas. Los brotes de vello corporal y cabello registrados de forma inesperada durante los ensayos del minoxidilo en los años sesenta, que *a priori* estaba siendo probado como vasodilatador contra la hipertensión, lo encumbraron como preparado tópico de referencia para la caída del cabello durante décadas. También es destacable el caso de un fármaco desarrollado para, en un principio, mejorar los síntomas de la angina de pecho. La reacción vascular *no tan adversa* que provocó el sildenafilo en fase de pruebas sorprendió gratamente a varios pacientes —en masculino—, así como a sus parejas. Este fue el contratiempo que Pfizer rentabilizó produciendo millones de pastillas azules romboidales, una de sus patentes más celebradas.

Volviendo al tratamiento del TDAH con psicoestimulantes, lo de los hallazgos fortuitos se repite una vez más. Sintetizadas por primera vez a principios del siglo XIX, las anfetaminas no son ninguna novedad, pero tampoco se les conocerían aplicaciones terapéuticas reseñables hasta que a principios de los años treinta la compañía farmacéutica estadounidense Smith, Kline and French —en adelante, SKF— se hiciera con varias patentes de esta. Registrándolas sobre la marcha bajo diferentes marcas comerciales, SKF irá sacando novedades al mercado sin tener muy claras las aplicaciones de la potente sustancia.

Utilizadas sobre todo para tratar la narcolepsia, cosa que se sigue haciendo de igual forma cien años después, también es una sustancia excelente para suprimir el apetito. Los efectos que presentan las anfetaminas sobre el aparato respiratorio son igualmente destacables. Estimulan el centro respiratorio bulbar, y eso les otorga un fuerte potente efecto broncodilatador. Las anfetaminas dilatan los bronquios y ejercen un potente efecto vasoconstrictor si se aplica directamente sobre las fosas nasales, por lo que el primer superventas con base anfetamínica de los laboratorios SKF llegará en forma de inhalador nasal de bencedrina.

Los pequeños tubos metálicos que salen al mercado para tratar la rinitis encierran un algodón impregnado en 325 mg anfetamina en fase oleosa; son los bisabuelos de los espráis nasales de la actualidad, formulados a base de moléculas menos contundentes como la oximetazolina. Aunque la bencedrina se comercializa, en principio, para hacer más llevadera la rinitis crónica o estacional, el trozo de algodón rebosante de anfetamina que albergan estas formas farmacéuticas es fácil de extraer, lo que popularizará el uso del medicamento para aplicaciones ajenas a la congestión nasal.

ESTADOS UNIDOS DE ANFETAMÉRICA

En vista de la buena acogida del tubo de bencedrina, SKF desarrolla nuevas formas farmacéuticas que facilitan su aplicación y dosificación, revolucionando el mercado una vez más al patentar la bencedrina sólida —en comprimidos— para cubrir la creciente demanda. La administración por vía oral, no inhalada, supone un salto cualitativo importante.

Sulfatando bencedrina se obtienen sales de anfetamina, que compactadas en forma de comprimidos orales aumentan exponencialmente su capacidad de producción, almacenaje y distribución. El consumo de bencedrinas en las fuerzas aéreas estadounidenses venía normalizado ya de antes, pero dado que en plena misión de vuelo es más fácil ingerir un par de comprimidos que destapar un inhalador para esnifarlo, las formas sólidas gozarán de una aceptación inmediata en el ámbito militar. Basta comparar el tamaño de un comprimido con el espacio que ocupa cada tubo metálico del espray nasal para entender que los comprimidos de bencedrina son más rentables y fáciles de distribuir. También de trapichear, ya que fuera del circuito estrictamente terapéutico los comprimidos de anfetamina tendrán un público de lo más variado.

A pesar de los ingresos que reporta el cuestionable auge de su catálogo en el mercado negro de la América *misfit* o inadaptada, en SKF se buscan nuevas aplicaciones que devuelvan las bencedrinas a las ramas decentes de la práctica médica. En el plano estrictamente terapéutico, los comprimidos de bencedrina se prescribirán para tratar dolencias neurológicas como la narcolepsia, revertir los efectos de la anestesia general o contrarrestar sobredosis de opiáceos, pero como los comprimidos de bencedrina facilitan una dosificación más afinada que la modalidad nasal —además de una posología cuantificable—, se buscan nuevos usos para la sustancia para así ampliar su mercado.

Como no es posible dar con nuevas aplicaciones para un fármaco sin realizar antes algunos experimentos, SKF envía provisiones de bencedrina a las instituciones que se presten a hacer ensayos. Así las cosas, en la segunda mitad de los años treinta se patrocinan experimentos con idea de sacar tajada de la bencedrina a modo de antidepresivo o como fármaco para mejorar rendimientos académico-laborales de una forma más regulada que inhalando algodones anfetamínicos.

Oficialmente, los primeros ensayos con bencedrina promovidos por SKF en una institución psiquiátrica se llevarán a cabo en la New Jersey State Home for Boys, un correccional que permanece activo hoy en día. No sabría decir cómo funciona hoy esta *escuela*, pero estamos en 1936, así que imagino las características del centro a mitad de camino entre el modelo penitenciario y el manicomio de manual, con celdas, camas con correas, camisas de fuerza y un ambiente más bien poco acogedor. Actualmente nadie se plantearía probar por vez primera los efectos de las anfetaminas en pacientes inestables y potencialmente peligrosos, pero así se hace en la New Jersey State Home for Boys. Hemos visto tantas películas inspiradas en centros del estilo que es fácil imaginar los experimentos. Aunque queda constancia de dichos ensayos, estos no serán debidamente documentados, y se da por bueno que los primeros experimentos serios y fiables con anfetaminas para uso pediátrico tendrán lugar un año después.

LA PARADOJA DE BRADLEY

En las antípodas ideológicas de la escuela de New Jersey — aunque a cuatro horas en coche subiendo por la Ruta 95—, la Emma Pendleton Bradley Home también permanece activa y en su ubicación original, un impresionante edificio victoriano en las afueras de una pequeña ciudad del estado de Rhode Island.

Con una actividad orientada al cuidado, tratamiento y educación de menores con trastornos neurológicos, las buenas intenciones de los fundadores de la casa Bradley no libran a su internado de calvarios terapéuticos que dejan mella en sus pacientes. Uno de estos suplicios recibe el impronunciable nombre de neumoencefalografía, un tipo de radiografía tremendamente invasiva que consiste en *inflar* las meninges como cuando se sopla un guante de goma. Para conseguir este inflado —que a la fuerza mejora la resolución en las radiografías craneales—, se sustituye el líquido cefalorraquídeo por gases como el helio o el oxígeno.

La neumoencefalografía es una salvajada afortunadamente obsoleta que, como es de suponer, provoca fuertes cefaleas, náuseas y vómitos a quien se somete a semejante suplicio, por lo que la casa Bradley se hace con algunas muestras de bencedrina por cortesía de SKF para intentar paliarlos o acelerar el proceso de recuperación del sistema nervioso. El plan original del psiquiatra Charles Bradley es administrar un comprimido de bencedrina tras estos martirios diagnósticos para ver si es posible aprovechar los efectos vasculares de las anfetaminas, acelerando así la restauración del líquido cefalorraquídeo. Sin embargo, los primeros ensayos sorprenden tanto al propio Bradley como al personal del centro que dirige.

Dadas inesperadas mejoras en el comportamiento de algunas de estas pobres criaturas, se descarta la aplicación de bencedrina para combatir las cefaleas posneumoencefalográficas, al tiempo que se inicia la línea de experimentación que marcará el rumbo de la farmacología del TDAH con psicoestimulantes desde ese primer día de dichos ensayos hasta hoy mismo.

Llevados a cabo sobre un grupo de 30 niños, niñas y preadolescentes difíciles de manejar, los resultados de estos primeros experimentos se publican en noviembre de 1937 en las páginas del *American Journal of Insanity*. Su contenido es historia del TDAH.

La traducción es propia y un poco libre, eso también.

El comportamiento de niños recibiendo bencedrina
Por C. Bradley

El empleo de la bencedrina como estimulante del sistema nervioso central ha generado numerosos informes describiendo sus efectos en adultos, pero hasta la fecha nadie parece haberlos estudiado en el comportamiento infantil.

Las instalaciones de esta institución están admirablemente adaptadas a la observación de 30 pacientes seleccionados ya residentes del hospital 21 niños y 9 niñas con edades comprendidas entre los cinco y los catorce años.

Durante la segunda semana se administró una dosis de bencedrina al despertar. Los comportamientos registrados al cabo de esta semana se compararon con la semana previa y la semana posterior.

Posiblemente el cambio más impactante durante la semana de terapia se reflejó en las actividades escolares. Catorce pacientes respondieron de manera espectacular desde el primer día de administración de bencedrina hasta el primer día de discontinuar el tratamiento. Quince pacientes mejoraron desde un punto de vista social, acompañados de una sensación de bienestar.

Aunque se evitó preguntar a los pacientes acerca de sensaciones subjetivas, se registraron expresiones como «siento felicidad en el estómago» o «me siento lleno de vida», entre las más significativas.

Todos estos pacientes mostraron un mayor interés por su entorno y una menor preocupación por sí mismos. Como en el caso de las alteraciones en el rendimiento académico, estos cambios aparecieron el primer día de tratamiento y desaparecieron a su interrupción.

Es de suponer que una droga con efectos estimulantes provoque cambios en la actividad motora. En el caso de nuestros pacientes, aquellos que se mostraron emocionalmente afectados manifestaron también un aminoramiento de la actividad motora.

Parece paradójico que un efecto estimulante suavice el comportamiento de la mitad de nuestros pacientes. Cabría considerar que la función de algunas porciones superiores del sistema nervioso central es la inhibición, y que estimulando dichas porciones se puede producir, en efecto, un cuadro clínico de disminución de la actividad. Los estudios encefalográficos realizados en 20 de los 30 pacientes indican que este pueda ser el caso, y sugieren un deterioro de las funciones corticales. Se podría postular que la bencedrina tiende a estimular esta actividad cortical perjudicada, aliviando cualquier desorden de la conducta que derive de ello. Harían falta más estudios para confirmarlo.

El informe de Charles Bradley resuena poderosamente casi noventa años después de su publicación. Corroborando las observaciones realizadas meses atrás en el correccional de New Jersey, Bradley relaciona el suministro matinal de bencedrina con beneficios en el rendimiento académico, el estado de ánimo y el comportamiento de la mitad del grupo tratado.

PROMOVER LA INHIBICIÓN

Las conclusiones en las que Charles Bradley asocia la estimulación del córtex cerebral con el apaciguamiento del carácter son a mi entender *la madre del cordero*. Cómo me gustaría poder viajar en el tiempo para compartir una taza de té con este señor en los jardines de su internado. Sería toda una experiencia darle la enhorabuena por su labor y, de paso, confirmar sus sospechas acerca de que la bencedrina favorece el aprovechamiento de dopamina en las regiones del cerebro que intuye afectadas. Antes habría que explicarle qué es la dopamina, claro, ya que los neurotransmisores y sus funciones no se descubrirán hasta casi treinta años después.

Por simplificar, el gran acierto del informe de Bradley consiste en sugerir que la inhibición no es una acción pasiva, sino un acto voluntario que requiere de cierto esfuerzo. Si el maquinista que coordina nuestras funciones ejecutivas y la voluntad está atontado, la estimulación lo espabilará hasta alcanzar el umbral mínimo que le permita desempeñar dichas funciones, entre las que se encuentran tanto emprender la marcha como inhibirse o frenar. «Así creeremos dentro de cien años que benefician los psicoestimulantes a cerebros inquietos como el mío, señor Bradley. Ya puedo explicar su paradoja mil veces, que nunca me acostumbraré a tantas contradicciones».

La metáfora del freno insuficiente como explicación de la hiperactividad tiene casi un siglo. Como una de nuestras funciones ejecutivas es frenar los actos impulsivos, Bradley destaca con acierto que es posible moderar el ímpetu de algunos cerebros *desatados* estimulando la zona encargada de frenar. Ahí es donde entran en juego los psicoestimulantes, y este es el acertijo que tanto cuesta explicar tras el mostrador de una farmacia.

A partir de la publicación de los ensayos de Bradley se afianza la hipótesis según la cual algunos estimulantes —no todos— despertarían regiones cerebrales como la corteza prefrontal, que son las áreas donde se activan, coordinan y desactivan las funciones ejecutivas. Las anfetaminas compensarían, por tanto, ciertas carencias neuroquímicas que condicionan la puesta en marcha de funciones ejecutivas como la inhibición. Así de sencillo y así de complejo.

Con intención de resolver las incógnitas surgidas en su primer ensayo, Charles Bradley adapta las instalaciones de su centro para un ambicioso estudio posterior que involucrará a cien de sus pacientes en 1941, pero los resultados de estas investigaciones tienen que esperar. La Segunda Guerra Mundial ya está en marcha y los productores de anfetaminas ven desbordada la demanda de su producción para abastecer el campo de batalla.

Dopaje en tiempos de guerra

Durante la Segunda Guerra Mundial, SKF surtirá de bencedrinas tanto a las tropas aliadas como al eje formado por Alemania, Italia y Japón. Los campos de batalla pasan así a conformar un extenso banco de pruebas donde cada ejército exprime al máximo a sus soldados a través de los efectos euforizantes de las anfetaminas.

Los productores nazis no quieren quedarse atrás y se apuntan al carro de las patentes, como la farmacéutica germana Temmler Werke, que comercializa bajo el nombre de Pervitin la metanfetamina que producirá en cantidades industriales. La metanfetamina es el ingrediente no muy secreto de los míticos *fliegerschokolade* y *panzerschokolade* o chocolates de los aviones y los tanques. Aunque la leyenda llegue algo distorsionada, suele decirse también que los kamikazes acometen sus ataques suicidas empapados en efedrina y anfetamina. Todo indica que se dan más excesos con el sake que con los psicoestimulantes, pero cuando el río suena…

Presentadas como la sustancia idónea para el combate, excederse en las dosis recomendadas de anfetamina y metanfetamina —cosa que ocurre de manera sistemática— aflora devastadoras reacciones adversas que dejan tras de sí un lamentable panorama de suicidios, brotes psicóticos, accidentes cardiovasculares y dentaduras hechas trizas a causa del bruxismo o rigidez mandibular. Es en el campo de batalla donde se hacen más evidentes los efectos adversos de las anfetaminas, y su despilfarro limita la disponibilidad para aplicaciones ajenas a lo belicoso.

Al son de los últimos bombazos del conflicto, los laboratorios ya compiten por sacar al mercado estimulantes del sistema nervioso central de efectos más sutiles que los de las anfetaminas. Sobrevolamos ahora terreno neutral. En la ciudad suiza de Basilea, una mujer llamada Marguerite juega al tenis bajo los efectos del metilfenidato, una molécula en fase preexperimental.

Se entiende que en 1944 es más fácil que en la actualidad hacerse con un puñado de comprimidos en fase de pruebas, y es exactamente lo que hace el italiano Leandro Panizzon, uno de los químicos encargados de sintetizar metilfenidato para los laboratorios CIBA. Al testear personalmente su producto, Panizzon no aprecia efectos destacables. Su esposa, sin embargo, experimenta nuevas sensaciones, al punto que sus rutinas de entrenamiento y competición no tardarán en incluir la ingesta de metilfenidato como parte del juego. Marguerite —Rita para los amigos— reacciona tan positivamente a esta nueva sustancia que los comprimidos serán bautizados como Ritalin a raíz de estos tejemanejes, ignorando que sus atípicos ensayos revolucionarán para siempre la terapia del TDAH con estimulantes de potencia moderada.

Sin tener muy claro el potencial de una sustancia que te permite jugar mejor al tenis, a los laboratorios CIBA les llevará diez años, un plazo actualmente impensable, registrar el Ritalin para reclamar su cuota de mercado en el tratamiento de patologías tan variadas como el párkinson, la depresión o la narcolepsia.

En 1955, once años después de los primeros ensayos —cuesta creer, insisto, que les llevara tanto tiempo— la multinacional suiza obtiene el beneplácito de la todopoderosa FDA o Food and Drug Administration estadounidense, que da luz verde al metilfenidato como psicofármaco comodín para casi todo. Como proporciona una estimulación menos agresiva que las anfetaminas, Ritalin entra al mercado estadounidense por la puerta grande, y en poco tiempo proliferan en prensa, radio y televisión todo tipo de cuñas publicitarias alabando las cualidades de la nueva sustancia.

A través de campañas sesenteras con fondo y forma del siglo pasado, el *antes* de la ingesta de Ritalin se ejemplifica con imágenes de fregaderos hasta arriba de platos sucios, mientras que para el *después* se muestran cocinas relucientes. La nueva patente de moda se anuncia como la revolucionaria sustancia que hace más llevadera la rutina de las amas de casa estadounidenses, pero también como el medicamento que borra de un pildorazo cualquier signo de fatiga en sus abnegados esposos. En cuestión de meses, los puritanos hogares de clase media le tienden la alfombra roja al metilfenidato, que se anuncia como una molécula «más potente que el café, pero más suave que las anfetaminas».

Al contar con los favores de un organismo tan restrictivo como la FDA, se reabren para la investigación las puertas de instituciones médico-psiquiátricas interesadas en sus aplicaciones, de modo que sanatorios y correccionales de todo el país retoman ensayos similares a los realizados entre las paredes de la Casa Bradley veinte años atrás, con la diferencia de tener en esta ocasión al metilfenidato como protagonista. A consecuencia de los buenos resultados obtenidos en estas instituciones, el uso de Ritalin se amplía a las consultas pediátricas convencionales y al mismísimo ámbito escolar, encumbrándolo como el grandísimo *best seller* de fama internacional que fue en las décadas de los sesenta, setenta y ochenta.

BENNIES CONTRA DEXIES

Quien piense que el asalto de Ritalin al mercado estadounidense y su éxito de ventas desbancó el uso de las anfetaminas se equivoca. Aunque no se empleen en Europa —luego se matizará esto—, en medio mundo siguen utilizando anfetaminas para tratar el TDAH.

Las primeras novedades en la carrera de las patentes anfetamínicas se presentarán un par de años después de registrar la bencedrina, cuando —sacando provecho de la quiralidad característica de la molécula de anfetamina— Smith, Kline & French (SKF) patenta la Dexedrina en 1937.

La palabra *quiralidad* proviene del vocablo griego *kheir*, que quiere decir *mano*. Podemos comparar las versiones quirales de anfetamina con nuestras manos que, aunque se parecen mucho y sirven casi para lo mismo, están lejos de ser idénticas. Del mismo modo que una mano es la imagen quiral o especular de la otra —una es la versión *en modo espejo* de la otra—, en las moléculas de anfetamina también se produce un fenómeno similar.

La molécula de la anfetamina consta de dos partes, donde una de ellas es la ramificación —o grupo amino— que, volviendo al ejemplo de las manos, haría las veces de pulgar. En origen, la anfetamina es una mezcla de ambas formas quirales o mezcla racémica, pero probando por separado los efectos de cada forma —*pulgar* derecho o izquierdo—, en SKF comprobaron que, como ocurre con la mayoría de las manos, tiene más fuerza la molécula dextrógira que la levógira. La dexanfetamina o d-anfetamina sería por tanto la responsable de los efectos psicoestimulantes de las anfetaminas, mientras que a la versión levógira o l-anfetamina no se le conocen aplicaciones terapéuticas. Esto no quiere decir que sea inocua; la versión levógira aislada puede acarrear los efectos secundarios típicos de las anfetaminas, que afectan sobre todo al sistema cardiovascular. Taquicardia, hipertensión… todo eso.

Con estas cartas sobre la mesa, SKF engrosa su catálogo patentando los comprimidos de dexedrina, a base de d-anfetamina purificada, la potente. También conocidas como *Dexies*, estos nuevos comprimidos pasan a ser el oscuro objeto de deseo de la América *outsider*, por encima de la bencedrina o *Bennies*, anfetamina sin purificar que llevaba una mezcla de las dos quiralidades. La bohemia estadounidense de las décadas de los cuarenta, cincuenta y sesenta se vuelve tan *gourmet* que estas variedades le permiten estimularse a la carta como quien toma vino blanco con el pescado y tinto con la carne.

PASTILLAS DE FRENO

Sobre el paradójico tratamiento del TDAH con psicoestimulantes sobrevuela desde hace cien años una realidad incómoda: si bien algunos medicamentos como los antibióticos o los antiinflamatorios pueden resolver de raíz los problemas de salud a los que están destinados —se te infecta una uña o te duele el hombro te aplicas la crema indicada y en unos días se te pasa—, con los psicoestimulantes, ya lo dijo Charles Bradley, la respuesta es «espectacular desde el primer día de administración», pero solo «hasta el primer día de discontinuar el tratamiento».

Esto quiere decir que, en el contexto de la farmacología actual, cuando cesa el suministro del fármaco las regiones cerebrales afectadas vuelven a los estados vagamente operativos que se supone que son el origen de la difusión mental y la impulsividad que tanto cuesta controlar cuando se tiene TDAH.

Sin un psicoestimulante corriendo por las venas, dejan de alcanzarse estos umbrales mínimos de dopamina que favorezcan la inhibición de impulsos, y es cierto que, por triste que suene, la claridad mental y organizativa que proporcionan se irá desvaneciendo a medida que el organismo metaboliza y elimina los principios activos. Pasan las horas y el cerebro vuelve a perder potencia de frenada.

Los mecanismos de los psicoestimulantes, y cómo mejoran la sincronía entre la corteza prefrontal y las funciones ejecutivas no son fáciles de entender, ni algo que pueda explicarse en tres minutos. Parece *el mundo al revés*. ¿Cómo que la agitación propia del TDAH se atenúa con sustancias estimulantes? En el ejercicio de mi profesión me ha tocado aclararlo unas cuantas veces. En ocasiones lo hago a través de un juego de palabras que responde a la máxima matemática de que dos negativas hacen una positiva. Las personas con TDAH tenemos inhibida la inhibición. Quien piense que dejar de hacer algo no cuesta ningún esfuerzo, que intente abrir una bolsa pequeña de patatas fritas teniendo hambre y la deje a la mitad.

La contención requiere de ciertos esfuerzos, y se piensa que la corteza prefrontal de un cerebro con TDAH está menos preparada para coordinar mecanismos inhibitorios. Cuando hablo de tener comportamientos impulsivos no me refiero a ir por la calle dando volteretas y rompiendo escaparates, hablo de interrumpir conversaciones, quemarse el paladar con una pizza recién salida del horno o presentar una dimisión *en caliente* por desavenencias con la directiva. Hablo de sufrir más accidentes de circulación, entregarse a la persona equivocada o tener en el trastero una moto de agua que estaba bien de precio. La impulsividad que cuesta mantener a raya en el TDAH es la cotidiana. La que impulsa a lanzar el móvil por la ventana, cantarle las cuarenta a quien falta el respeto o hacer comentarios de los que arrepentirse durante meses, años o toda la vida.

Inhibirse es, en definitiva, un acto tan voluntario como ponerse en marcha, y ambas acciones requieren una coordinación de las funciones ejecutivas que se llevaría a cabo en regiones cerebrales destinadas a valorar señales internas y externas. Dar por buena la hipótesis de un córtex prefrontal poco eficaz como causa orgánica del TDAH explicaría esta descoordinación de las funciones ejecutivas y la batalla diaria que le supone a un cerebro TDAH desenvolverse en cuestiones que afectan a la motivación, la persistencia y la inhibición.

¿Y ESTO CÓMO FUNCIONA?

Para entender las diferencias entre el metilfenidato y las anfetaminas, y por qué uno se considera un estimulante leve mientras que el uso de la otra en su forma purificada no está permitido en Europa, partiremos del modelo que compara la neurotransmisión con la propagación de rumores en un patio vecinal, donde la neurona emisora o presináptica libera *rumores neuroquímicos* al espacio sináptico y la neurona vecina los atrapa para seguir la cadena del *cotilleo de la neurotransmisión*.

Mientras el rumor revolotea por el patio sináptico, pueden pasarle dos cosas. En realidad, pueden pasarle más, pero aquí estamos para simplificar. Si la neurona vecina se hace eco del *cotilleo* con normalidad —si capta el neurotransmisor a través de sus receptores—, repetirá el proceso para liberarlo al patio contiguo y seguir así la cadena, pero también puede suceder que la neurona receptora sea menos sensible a estos *cotilleos*, como lo que se comentaba unos capítulos atrás hablando de los receptores dopamínicos D4 que expresa el gen *wanderlust*. Si por esta u otras razones el rumor —en este caso, la dopamina— se queda *pululando* por el patio sináptico, podría ser recuperado por la neurona que lo ha emitido en un proceso que se conoce por el nombre de recaptación: «Si no te interesa mi dopamina, me la traigo de vuelta».

La forma en que favorecen las anfetaminas el aprovechamiento de la dopamina sigue un doble mecanismo. Los psicoestimulantes interfieren también en los balances de otro neurotransmisor importante, la noradrenalina, pero lo dicho, estamos simplificando. Por una parte, las anfetaminas bloquean la recaptación de dopamina, impidiendo que las neuronas emisoras *se arrepientan* una vez emitido el rumor y lo quieran recuperar. Además de esto, las anfetaminas entran *hasta la cocina* de la neurona emisora, y una vez han entrado, provocan una mayor liberación de dopamina y noradrenalina. Es decir, que las anfetaminas incitan a las neuronas emisoras a que sean *más escandalosas* al tiempo que anulan su capacidad de recaptación de dopamina, lo que incrementará los niveles en el espacio sináptico y las probabilidades de que la neurona receptora se haga eco del rumor, aunque esté *un poco sorda* o no esté por la labor.

El metilfenidato también sigue este doble mecanismo de bloquear la recaptación de los rumores y provocar la liberación de dopamina, pero al no tener la capacidad de pasar dentro de las neuronas emisoras, lo hace de forma más sutil; por eso se considera a muy grandes rasgos que el metilfenidato es un estimulante leve y las anfetaminas no.

Aunque en dosis terapéuticas normales no hay mucha diferencia entre los efectos de unos psicoestimulantes y otros, en caso de abuso el mecanismo de acción más invasivo que presentan las anfetaminas sería la razón por la que la legislación europea restringe su uso y distribución como psicoestimulantes para el tratamiento del TDAH.

Estas restricciones afectan a la anfetamina *pura y dura*, pero no a los profármacos de esta, por lo que en realidad sí que hay disponible en Europa medicación derivada de las anfetaminas. De hecho, se empieza a notar un incremento de prescripciones de profármacos de la anfetamina, sobre todo en al ámbito de la medicina privada. O eso me parece a mí a pie de mostrador.

Pero no adelantemos acontecimientos y empecemos por las formas farmacéuticas que más se han dispensado en los últimos años en España, que ya se explicará luego lo que es un profármaco.

Cápsulas de liberación modificada

En vista de que la comunidad médico-psiquiátrica sigue confiando en las mismas sustancias que se remontan a los tiempos de Rita la tenista, en la evolución de la farmacoterapia del TDAH las multinacionales no han competido por diseñar o descubrir nuevas sustancias para ponerlas en circulación, sino por desarrollar formas farmacéuticas que garanticen una distribución lo más prolongada y homogénea posible de estos principios activos a lo largo del día. Por esta razón, actualmente apenas se prescriben comprimidos tradicionales —las mal llamadas *pastillas*— como el clásico Ritalin o el más reciente Rubifen, y en su lugar se recetan cápsulas y comprimidos de última generación como Medikinet o Concerta, patentes que proporcionan niveles plasmáticos de metilfenidato durante horas.

Mucho cuidado si desmontamos una cápsula de Medikinet o similar, porque se escaparán rodando cientos de minúsculas bolitas que reciben el nombre de *pellets*. Cada cápsula de metilfenidato alberga en su interior diminutos perdigones esféricos cuya composición está pensada para favorecer una liberación modificada o sostenida en el tiempo; de ahí que en algunos países este formato lleve en su nombre comercial el distintivo XR como acrónimo de *extended release* (liberación modificada).

Cuando ingerimos una cápsula de Medikinet, Equasym o cualquier otra presentación de metilfenidato de liberación modificada, el *plastiquito de fuera*, que obviamente no es un plástico, se deshace nada más alcanzar el estómago, liberándose el contenido de *pellets*. Como pequeñas pelotas de golf, estos *pellets* están formados por un núcleo y una capa externa; una estructura que proporciona una farmacocinética de liberación en dos fases. Sabemos que el estómago tiene un pH ácido, y también que en el intestino se produce un viraje a pH básico, por lo que la formulación de estos perdigones bicapa se vale de dichos contrastes para ir liberando el metilfenidato en consonancia con los procesos digestivos.

Como la capa externa de cada *pellet* se disuelve en los jugos gástricos y el núcleo no empezará a deshacerse hasta llegar al intestino delgado, la digestión juega un papel fundamental en la correcta administración de dichas cápsulas. A su paso por el estómago, cada *pellet* habrá liberado el metilfenidato de la cobertura, que empezará a hacer efecto en cuanto comience la absorción del medicamento. Una vez disuelta la cobertura, el núcleo que resiste a su paso por el ácido estomacal llega al intestino delgado donde se desmoronará de cara a ser absorbido para proporcionar una segunda oleada de metilfenidato.

Por tanto, la acción del Medikinet se empieza a notar al poco tiempo de ser administrado —cuando se deshagan las cápsulas en el estómago—, y la correcta duración de sus efectos está condicionada por la digestión. No se puede ser muy preciso en esto, pero se estima que la liberación gradual y sostenida se mantendrá estable entre seis y ocho horas a partir de la ingesta, lo que significa que tragar con el desayuno una cápsula de metilfenidato de liberación modificada debería proporcionar un efecto continuado hasta la hora de la siesta.

Siempre que me pongo la bata blanca intento confirmar que cada paciente conoce su medicación y sabe cómo hacer uso de la misma. Por puro corporativismo —y porque entiendo que a las personas con TDAH hay que explicarnos las cosas varias veces—, si estoy dispensando Medikinet o una cápsula similar intento subrayar la importancia de adquirir ciertos hábitos alimenticios para optimizar sus resultados. Como parte afectada, soy consciente de que esto de mantener unos hábitos alimenticios es bastante incompatible con las características del trastorno, pero no estoy hablando de prepararse un desayuno continental con zumo de naranja recién exprimido, huevos revueltos y dos lonchas de *bacon*. Tres o cuatro galletas o una rebanada de pan tostado con aceite y tomate también servirían.

Por su forma de actuar, las cápsulas de liberación modificada pueden tragarse enteras, que es lo aconsejable, pero también pueden abrirse para ingerir los *pellets* descartando el *plastiquito*. Esta alternativa se contempla en personas con problemas para la deglución, ya que la formulación en modo de *pellets* permite su ingesta espolvoreándolos sobre una cucharada de yogur o de agua gelificada, por ejemplo. Si se hace de esta forma, es muy importante no masticar los *pellets*. El triturado rompería las cubiertas de los *perdigones* bicapa, descontrolándose la liberación de metilfenidato, y no queremos provocar de una sola vez la liberación de psicoestimulante como para ocho horas. Y menos aún de buena mañana.

Hay que insistir, por tanto, en que la eficacia de las cápsulas de liberación modificada depende directamente del correcto tránsito gastrointestinal, y que es fundamental establecer —en la medida de lo posible— unos patrones alimenticios medianamente regulares. Si son alimentos saludables en cantidades sensatas, pues mejor. Aunque sea más sano desayunar un plátano que media pizza que sobró la víspera, lo importante es que el estómago y el intestino tengan algo que digerir aparte de nuestra pequeña cápsula.

LIBERACIÓN PROLONGADA

Aunque el palabrerío que manejamos en las farmacias sea a veces retorcido, no hay que confundir las cápsulas de liberación modificada —las de Medikinet son de color morado— con los comprimidos de liberación prolongada, de color blanco, crema o rojo-pardo en función de la dosis, patentados bajo la marca Concerta, Rubicrono o similares. Ahora también los hay genéricos, pero se explicará el funcionamiento de Concerta por ser el más recetado actualmente. Tanto por su tamaño como por su dureza, podremos comprobar que los comprimidos de liberación prolongada no son medicamentos al uso. Estos minúsculos artefactos son un pequeño prodigio de la ingeniería farmacéutica que responde a la abreviatura OROS, por *Osmotic Release Oral System* (sistema de liberación osmótica por vía oral).

Los comprimidos como Concerta constan en primer lugar de una fina cobertura de composición similar a la de capa externa de los *pellets*. Esta porción se deshace en los jugos gástricos igual que los *pellets* de metilfenidato, y aporta una primera oleada de medicamento.

Quien tenga a mano un comprimido de Concerta podrá observar un orificio diminuto en su extremo. En un corte transversal, veríamos que el interior se parece a un minúsculo submarino, con compartimentos diferenciados que contienen metilfenidato. Una tercera celda en la parte trasera del *submarino* alberga un excipiente *de empuje* que se inflará por hidratación.

La mecánica del invento recuerda a la de una jeringuilla, donde una nube de empuje aumenta su volumen a medida que va absorbiendo líquido —mejor si es agua— por osmosis. De ahí lo de *Osmotic Release Oral System*, OROS. Actuando como un émbolo, la presión ejercida desde el fondo por el agente de empuje proporcionará una salida sostenida de metilfenidato a través del pequeño orificio que podemos apreciar a simple vista en uno de los extremos de cada comprimido.

Para explicarlo a pie de mostrador, sería interesante tener en las farmacias uno de estos comprimidos a mano o un esquema gráfico del mismo. Con eso y una jeringuilla, no debería ser difícil explicar cómo funcionan estos comprimidos, lo que a su vez es clave para que el paciente comprenda el papel de la hidratación en caso de estar tomando Concerta.

Por todo esto, los consejos boticarios en torno al TDAH variarán ligeramente en función de que la forma farmacéutica dispensada sea una cápsula o un comprimido cilíndrico de tamaño y dureza considerables. Aunque establecer unas pautas alimenticias saludables nunca esté de más para el correcto funcionamiento de Concerta, lo realmente importante es hidratarse lo suficiente como para favorecer el inflado del agente de empuje que hay en cada comprimido. O sea que para aprovechar al máximo de Concerta lo suyo es acompañarlo de un buen vaso de agua en el momento de la ingesta y renovar esta hidratación cada cierto tiempo para garantizar las dinámicas de empuje.

Volviendo al tema del TDAH y la memoria, cuando se está tomando Concerta, hay que buscar la forma de acordarse de beber al menos dos o tres vasos de agua —si son grandes, mejor— mientras duren sus efectos, poniendo alarmas en el móvil si hace falta.

Según la ficha técnica, los estudios clínicos determinan que, en condiciones adecuadas de hidratación, los efectos de Concerta se prolongan hasta doce horas después de la ingesta. Teniendo en cuenta que los psicoestimulantes reducen el apetito y que en el TDAH algunos instintos como la sed o el hambre pueden estar trastocados, no es un mal consejo establecer unos horarios para hidratarse y comer. Por raro que parezca, como usuario apostaría a que se nota un pequeño empujón de los efectos del metilfenidato con la toma de agua o alimentos en función de la forma farmacéutica.

HABLEMOS DE LAS ANFETAMINAS

Se comentaba en el capítulo correspondiente que en los laboratorios SKF patentaron las bencedrinas y poco después las dexedrinas, una versión purificada compuesta únicamente por dexanfetamina, que es el isómero potente de esta molécula, el dextrógiro. Aunque la versión levógira de las anfetaminas carezca por sí misma de aplicaciones terapéuticas conocidas, esta es útil para *rebajar* los efectos de su potente melliza dextrógira, por lo que la industria farmacéutica al otro lado del charco la utiliza como *agente diluyente*. Así las cosas, la levoanfetamina dota de una gran flexibilidad terapéutica a las mezclas de ambos isómeros, lo que permite que medicamentos como el Adderall, compuesto por dos tercios de d-anfetamina y un tercio de l-anfetamina —ratio 3:1—, compitan hoy con el metilfenidato por su cuota de mercado estadounidense.

Aunque la Agencia Europea del Medicamento determinó en el año 2014 que el uso de dexanfetamina —concretamente, Dexamed— es seguro para para tratar el TDAH a causa de ciertas desavenencias entre fronteras intraeuropeas por las preocupaciones que despierta el abuso de esta sustancia, por aquí no se comercializa actualmente ni un medicamento para el TDAH con anfetaminas en su formulación. Como la ley no dice nada de sus profármacos, lo que sí que se permite es el uso de lisdexanfetamina, que es prácticamente lo mismo. Un profármaco es aquella molécula farmacológicamente inerte que se activa cuando entra en el organismo, y la lisdexanfetamina —una versión inactiva del isómero potente de las anfetaminas—, no solo es legal, sino que se empieza a recetar cada vez más, o al menos esa es mi impresión al otro lado del mostrador.

De nombre comercial Elvanse, la lisdexanfetamina se activa cuando pasa al torrente sanguíneo y entra en contacto con la hemoglobina. La única forma de probar en España los efectos de las anfetaminas en la actualidad —en el circuito lícito, se entiende— sería consiguiendo una prescripción médica de Elvanse que, como ya se ha dicho, es un medicamento sometido a un control más estricto que los preparados a base de metilfenidato. La legislación actual aplica medidas extraordinarias de control para Elvanse, que aparte de incluir en el envase el distintivo «D.H.», que identifica este medicamento como especialidad de diagnóstico hospitalario, requiere también de un visado o sello específico por parte de la inspección sanitaria.

A pesar de que —según reza su ficha técnica—, solo se deba tener en cuenta «allí donde fallen otros tratamientos con metilfenidato», las recetas de Elvanse por parte de la práctica medicinal privada son cada vez más habituales como primera opción. Una alergia al metilfenidato sería uno de los supuestos contemplados para Elvanse, pero la tendencia parece estar virando a favor de las anfetaminas y derivados en el ámbito de la medicina privada estadounidense. Diría que también de la europea, aunque no puedo asegurarlo.

A modo de resumen, algunos psicoestimulantes como las anfetaminas o el metilfenidato contribuyen a un mejor funcionamiento de ciertas regiones cerebrales que se presuponen dañadas o defectuosas. Al aumentar en el espacio sináptico la disponibilidad de noradrenalina y dopamina, las regiones perezosas de un cerebro con TDAH incrementarían su actividad para llevar a cabo las funciones que otros cerebros realizan sin necesidad de ayuda farmacológica. Entre estas funciones se encuentran la inhibición de impulsos y la capacidad de centrar la atención sobre una tarea.

El caso es que, si bien los psicoestimulantes son la primera opción para la terapia farmacológica del TDAH a nivel mundial, su uso no siempre procede. La agitación que pueden provocar dichos fármacos hace que sean inviables en personas con hipertensión, problemas tiroideos o que padezcan de glaucoma. Tampoco es recomendable que tomen psicoestimulantes las personas que llevan un marcapasos. Además de esto, el potencial adictivo o su empleo ilícito para uso recreacional invita a barajar otras alternativas en pacientes que están en prisión o que arrastren un historial significativo de drogodependencia.

¿Qué hacemos entonces con las personas con TDAH que no pueden —o no quieren— hacer uso de ningún estimulante? No sorprenderá que la industria farmacéutica cuente con un par de ases en la manga.

LA PRIMA RARITA DEL PROZAC

En la más genuina tradición de principios activos cuyo empleo no tiene nada que ver con su finalidad original, con la molécula atomoxetina da la impresión de que la farmacéutica estadounidense Lilly persiguiera desarrollar un medicamento antidepresivo para replicar el éxito de su superventas Prozac, a base de fluoxetina. Las similitudes estructurales entre la atomoxetina y la fluoxetina invitan al menos a pensarlo; parecidos razonables por los que la atomoxetina se incluye a veces por error en el grupo de antidepresivos acabados en «-oxetina».

El efecto antidepresivo del Prozac debe su mecanismo de acción a que la fluoxetina inhibe la recaptación de serotonina. Retomando el símil de la transmisión nerviosa entendida como la propagación de rumores en un vecindario, impedir que la serotonina vuelva a la neurona emisora presináptica la dejará circulando por el *vecindario* hasta que se transmita la señal para desencadenar los procesos que regulan las emociones. Quién sabe si buscando un antidepresivo de nueva generación, los ensayos con atomoxetina no provocaron cambios en la serotonina disponible, pero al registrarse incrementos sinápticos de noradrenalina, una vez más se desviaron los ensayos al *terreno TDAH*, a pesar de no ejercer ningún efecto sobre la dopamina. A diferencia de los psicoestimulantes, la atomoxetina no provoca efectos de euforia, pero sí que presentó mejoras en los ensayos clínicos llevados a cabo para el TDAH, por lo que, en el año 2002, los laboratorios Lilly presentaron Strattera, el primer fármaco no estimulante autorizado para el tratamiento de dicho trastorno. Recientemente —marzo de 2023— se retiraron del mercado los comprimidos de Strattera a causa de problemas con uno de los excipientes, pero sigue disponible en forma líquida, y también hay otras marcas de comprimidos con atomoxetina como principio activo.

En comparación con los psicoestimulantes para el TDAH, cuyos beneficios y efectos adversos son prácticamente inmediatos, la atomoxetina necesita algo más de tiempo para actuar. Tal y como sucede con sus primas las -oxetinas antidepresivas, se dice que Strattera no alcanza su plenitud terapéutica hasta cumplido un mes del tratamiento. En vista de que la paciencia no está entre las virtudes más destacables de quienes padecemos de TDAH, es recomendable advertir desde las consultas médicas y las oficinas de farmacia que la atomoxetina ejerce su actividad por acumulación, y que necesita un mes de margen para hacer efecto.

Mientras el organismo se acostumbra al medicamento, es posible que surjan náuseas igual que sucede con otras -oxetinas; también pérdida de apetito y molestias estomacales. Como este malestar se suele anticipar a los propios beneficios del fármaco, las reacciones indeseadas adaptativas en este período de acostumbrarse al fármaco estarían entre las principales causas de abandono prematuro del tratamiento.

Entre las reacciones adversas de la atomoxetina destaca la somnolencia, pero esto tampoco sería mucho problema. Incluso se podría convertir en una ventaja, ya que al ejercer su efecto a largo plazo y no de manera inmediata, la hora de la toma no tendría por qué ser con el desayuno como en el caso de los psicoestimulantes. Trasladando la toma del medicamento a las rutinas previas a acostarse, hay quien mata dos pájaros de un tiro y aprovecha el sueño que induce Strattera para dormir mejor. No es mala estrategia.

Esta molécula sería una buena alternativa para el tratamiento del TDAH si el empleo de fármacos psicoestimulantes provoca agitación, aflora tics motores o exacerba los preexistentes, especialmente si se trata de tics verbales típicos del síndrome de Tourette. Según podemos leer en la ficha técnica de Strattera, «los pacientes tratados con atomoxetina no experimentan un empeoramiento de tics». Traduzco: allí donde los psicoestimulantes pueden provocar tics o empeorar tics previos, la atomoxetina no.

Al no ser un estimulante, Strattera sería también una buena alternativa para tratar pacientes con TDAH que estén en prisión o que tengan antecedentes por consumo de estupefacientes.

Como todos los medicamentos, la atomoxetina tiene sus contraindicaciones y efectos adversos. Los problemas en este sentido suelen comprometer sobre todo al sistema cardiovascular, y no es aconsejable la administración de medicamentos a base de atomoxetina en personas que padezcan arritmias o un glaucoma que eleve la presión ocular. Para estos casos, quedaría otra opción.

Penúltima bala: la guanfacina

A mediados de los ochenta, la modesta farmacéutica estadounidense Promius Pharma patenta los comprimidos Tenex a base de guanfacina, una molécula que actúa a nivel cardiovascular. Tenex relaja los vasos sanguíneos y baja la presión arterial, por lo que en un principio se le atribuyeron propiedades antihipertensivas. Como al descenso de tono vascular generalizado le acompañaba un efecto sedante, se derivó su uso a pacientes con problemas de compulsividad. Además, se piensa que la guanfacina interfiere en los procesos cerebrales de estímulo y recompensa, probándose su utilidad en el tratamiento de síndromes de abstinencia de diversas sustancias de abuso, que fue otra de sus aplicaciones previas antes de erigirse como nueva molécula para paliar la sintomatología del TDAH.

Aplicada la formulación en forma de comprimidos tipo OROS, el efecto sedante de la guanfacina es más suave y sostenido. Como en sus ensayos clínicos mostró ser beneficiosa para algunos pacientes con TDAH, en el año 2010 la multinacional Shire Pharmaceuticals cambió el rumbo terapéutico de la guanfacina patentando Intuniv, el único comprimido de liberación prolongada no estimulante que existe hasta la fecha para tratar el TDAH.

Por sus efectos hipotensores, la guanfacina debe administrarse con un ojo siempre puesto en el tensiómetro. Como indica el distintivo en forma de triángulo negro de su envase,

Intuniv está «sujeto a seguimiento adicional», por lo que a la evaluación cardiovascular que precede a su empleo debemos sumarle revisiones puntuales obligatorias mientras se prolongue su uso. Cuando se está con un tratamiento de guanfacina, aumenta el riesgo de padecer desplomes cardiovasculares, mareos, síncopes y desmayos, que hacen de Intuniv un medicamento inviable para pacientes con narcolepsia o hipotensión. De todas formas, si la tensión está en su sitio, este efecto sedante de la guanfacina puede tener su utilidad si se administra a última hora del día.

Por último, hay que destacar que la amplia variedad de recursos terapéuticos para el tratamiento del TDAH permite sustituir unos medicamentos por otros, así como hacerlos trabajar de manera conjunta. No es lo más habitual, pero en los casos más difíciles las características y farmacodinamia de medicamentos no estimulantes como Strattera o Intuniv permiten su administración como refuerzo de tratamientos estimulantes clásicos, en busca de una acción sinérgica que dé con la tecla. Algunos ensayos con ingestas de Intuniv a última hora del día parecen favorecer el descanso y mejorar el estado de ánimo de pacientes con TDAH que hayan dejado el cannabis y no puedan dormir por el síndrome de abstinencia, por ejemplo.

TRATAMIENTOS COLATERALES

Las variables que definen el TDAH son demasiado difusas como para establecer un tratamiento universal para todos los casos, y por eso el arsenal terapéutico disponible es tan diverso. El mecanismo de acción de los psicoestimulantes empleados para frenar cerebros acelerados no es fácil de explicar ni entender, y con los efectos secundarios de las alternativas no estimulantes pasa lo mismo.

Con esto y con todo, es normal que las personas con TDAH que puedan obtener algún beneficio de una terapia farmacológica —o sus padres y madres— tengan sus reservas a la hora de darles una oportunidad a cualquiera de estas intervenciones, sean o no estimulantes.

¿Exceso o defecto?

Existe la creencia de que el TDAH se medica en exceso; es algo que se comenta mucho, pero estudios como el efectuado por la farmacéutica Beatriz Prieto que lleva por título «Tendencia del consumo de fármacos en el TDAH en niños y adolescentes»[8]

---

[8] Prieto Antolín, Beatriz *et al.* «Tendencia del consumo de fármacos en el trastorno por déficit de atención e hiperactividad en niños y adolescentes (2010-2019)», *Rev Esp Salud Pública* (2022); Vol. 96: 23 de marzo.

determinan que no es así. Según la investigadora, en la franja entre 2010 y 2019 las farmacias de Castilla y León dispensaron medicación TDAH específica para aproximadamente 2 escolares de cada 100. Como el mismo trabajo estima que entre un 6 % y un 7 % de la población tiene TDAH, la proporción de escolares castellanoleoneses sin medicar se aproximaría al 75 %, pondremos 70 % para no pillarnos los dedos.

Considerando que el estudio contabiliza también los fármacos no estimulantes, me tomo la libertad de extrapolar la aproximación de Castilla y León al resto del país para reafirmarme en que no es cierto que se esté atiborrando de psicoestimulantes a los niños, niñas y adolescentes de este país. Por muy orientativas que sean estas aproximaciones, que 7 de cada 10 escolares con TDAH no se estén medicando desborda mis expectativas. Otro dato interesante que arrojan las cifras de mi compañera de profesión sería la confirmación de que, por cada tres niños castellanoleoneses con TDAH medicados, solo una niña recibe tratamiento: «¿Pastillas para tratar el TDAH de nuestra hija? ¿A diario? Tampoco la vemos tan inquieta, mejor nos lo vamos a pensar». Este último dato sería muy indicativo de que el TDAH y su tratamiento siguen ligados a prejuicios importantes y a un comprensible desconocimiento.

Otras veces, la medicación no se evita por prejuicios, sino por motivos económicos. En el año 2015, el Instituto Gallego de TDAH y Trastornos Asociados —INGADA— crea una solicitud de Change.org para que los medicamentos más utilizados para el tratamiento del TDAH sean incluidos en los grupos de aportación reducida. Los medicamentos que se corresponden con tratamientos crónicos o de larga evolución llevan en su envase un punto negro o cícero, que es el nombre técnico que identifica al grupo de medicamentos de aportación reducida. A pesar de que el TDAH no tenga cura, y de que los efectos de la medicación se desvanezcan si no hay una continuidad, el Ministerio de Sanidad sigue sin incluir estos tratamientos en un grupo especial que se caracteriza por tener una aportación reducida del 10 % del PVP, con un tope máximo que en la actualidad viene fijado en 2,64 euros. De incluirse los psicoestimulantes en dicho grupo se reduciría considerablemente el coste económico que suponen. «Además —se subraya desde la petición del INGADA firmada por 3 000 personas— debido a la base genética del trastorno, es habitual que haya más de un miembro afectado en la misma familia».

Si bien esta es la petición con mayor número de apoyos que he encontrado, hay muchas otras que no por minoritarias dejan de ser significativas. «¿Por qué existen tantas irregularidades y tan pocos apoyos para el tratamiento farmacológico del TDAH?», pregunta un grupo de personas desde el portal Osoigo.com al Congreso de los Diputados. Cuando me hacen preguntas así en la farmacia, no sé qué responder. Como usuario y como profesional, pienso que no se informa bien al paciente sobre los medicamentos para el TDAH, quizá porque no se tiene demasiado conocimiento sobre estos.

LETRA PEQUEÑA

Contrastando con las peticiones de asociaciones y particulares para que se incluyan los fármacos para el TDAH en las listas de medicamentos de larga duración, prospectos como el de Medikinet indican que «no es necesario tomarlo de forma indefinida», y se recomienda que el tratamiento «se suspenda al menos una vez al año para evaluar el estado del paciente», ya que «la seguridad y eficacia de su utilización a largo plazo no se ha evaluado de forma sistemática».

Si bien las especificaciones para personas adultas no indican cuándo conviene realizar estos descansos anuales obligatorios, sí que se apunta que «en el caso de los niños, la interrupción puede hacerse durante las vacaciones escolares. Esto permite —reza el prospecto— demostrar si se sigue necesitando el medicamento».

Aquí es donde toca reflexionar acerca de la verdadera finalidad de la medicación para el TDAH. A través de la aplicación informática de las farmacias se puede acceder al historial de cada paciente, y desde que trabajo en este ensayo me ha dado por prestar un plus de atención cuando dispenso medicamentos de este tipo. Detecto bailes con las dosis y cambios de posologías en función de la temporada, por ejemplo, en adolescentes que necesitan un empujón extra en época de exámenes o si se están sacando el carnet de conducir. Se lo comentan al profesional que les está tratando y, a veces, hasta les llegan a doblar la dosis para volverla a bajar o cortarla de cuajo al cabo de los exámenes. La pregunta es: ¿persigue la medicación mejorar la vida del paciente tratando la sintomatología nuclear del TDAH o lo que se pretende es garantizar un mínimo de productividad en el contexto de las exigencias de la *vida neurotípica?*

Otra de las razones que invitan a pensar que medicar el TDAH persigue *camuflar* a quienes lo padecen entre la mayoría neurotípica es la posología, ya que el prospecto de Medikinet especifica que debe administrarse «a los niños por las mañanas […] y a los adultos con el desayuno y la comida». Igual estoy pecando de suspicaz, pero teniendo en cuenta que estas posologías no se deben a la diferencia de peso entre unos y otros —hay dosis altas que podrían servir para adultos—, diría que estas recomendaciones se hacen para facilitar que quienes lo utilizan se amolden a los hábitos de trabajo y productividad *normales*. En edades escolares hay que ser productivo por las mañanas, y a los adultos se nos exige rendir mañana y tarde.

Para empezar un tratamiento con metilfenidato hay que hacerlo con dosis bajas de 10 mg al día. Si no se producen alergias o reacciones adversas se aconseja administrar 1 mg por kilo hasta un máximo de 80 mg al día si estamos hablando de personas adultas. Es decir, que para pesos superiores a 80 kg la dosis diaria máxima son 80 mg.

Una vez comprobado que el metilfenidato no me sentaba mal, la pauta con la que debuté seguía unas recomendaciones algo más discretas, consistentes en un comprimido de Concerta 27 mg por la mañana y otro por la tarde. De este primer ensayo con psicoestimulantes no pude salir peor parado. Cincuenta y cuatro miligramos diarios de metilfenidato fueron demasiados para mí, y si ya el TDAH puede ir acompañado de un bruxismo que se descontrola durante el sueño, la rigidez mandibular se intensificó de tal manera que en cuestión de meses perdí varias muelas que siguen pendientes de reposición, mientras que otras las tengo agrietadas.

En vista de esto, pedí sustituir la toma doble de 27 mg por la ingesta de una sola cápsula de Medikinet 20 mg con el desayuno y dejar la tarde *libre de química*, que es la pauta que he mantenido hasta que me fue retirada hace un par de meses. Ayudado de una cápsula que, según las especificaciones técnicas, sería la dosis para una persona que pesa 20 kg, me he acostumbrado a dedicar las mañanas a las tareas mentalmente exigentes, mientras que compenso el *bache neuroquímico* de las tardes a base de psicoestimulantes naturales.

ESTIMULACIÓN DE ANDAR POR CASA

Hablar de un estimulante legal y de fácil acceso es hablar de la cafeína, un principio activo presente tanto en la planta del café como en otros vegetales energizantes como el té o la guaraná. Cuando se encuentra en otras plantas, la molécula recibe nombres a medida —teína, guaraína, mateína—, pero independientemente de su origen, la estructura de la cafeína es siempre la misma. También su mecanismo de acción, que está relacionado con la adenosina, un neurotransmisor que producimos en situaciones de estrés y esfuerzo. Cuando llega al espacio sináptico, la adenosina se une a receptores específicos que inician un protocolo de ir *apagando motores*. Explicado a la ligera, el café compite con la adenosina, que es el neurotransmisor que desencadena las señales que nos provocan sensaciones de sueño o cansancio.

Se sabe que la adenosina actúa como freno de la dopamina que flota en el patio sináptico, interponiendo sus efectos para evitar motivaciones irrefrenables cuando el cuerpo debe descansar. El mecanismo de acción de la adenosina con respecto a la dopamina sería por tanto el inverso al de los psicoestimulantes, ya que por una parte inhibe la liberación de dopamina desde las neuronas emisoras —acalla la *rumorología neuroquímica*— y, por otra, bloquea los receptores que favorecen su transmisión.

Como en el juego de bailar alrededor de las sillas y sentarse cuando deja de sonar la música, si tomamos café o similares la adenosina que producimos encontrará sus receptores invadidos por moléculas de cafeína que, a diferencia de la primera, no desencadenan ningún proceso neuroquímico que invite al reposo. Ocupando el puesto de la adenosina, la cafeína impide que esta ejerza su efecto apaciguador, incrementando de manera indirecta la presencia de la dopamina en el espacio sináptico. Como antagonista de la adenosina, la cafeína nos mantiene alerta; no puede decirse que tenga unos efectos tan contundentes como las anfetaminas o el metilfenidato, pero sí que es verdad que, dado su *modus operandi*, los podría complementar.

Mis primeros pasos en la automedicación con cafeína se remontan a cuando pedí *una nube* de café en mi tazón de leche matinal. Tendría unos doce años, y supongo que quería *hacerme el mayor*, porque dudo mucho que aquel aporte mínimo de cafeína hiciera efecto alguno en mi organismo. Aun así, técnicamente ese fue mi estreno con los psicoestimulantes. La preadolescencia no es una buena época para iniciarse con el café y acabé aborreciéndolo, aunque me siga gustando mucho el olor.

Actualmente mi estimulante natural de referencia es el té. Como a la mayoría de las personas, el té me parece un *aguachirri*, porque lo es, pero también es una buena forma de consumir cafeína. Empecé a tomarlo el día que hicimos unas prácticas en la facultad para extraer cafeína de una bolsita de té, y desde entonces me he vuelto todo un experto en la materia.

A lo largo del día suelo distribuir estratégicamente y con fines terapéuticos tres o cuatro tazas de té. Una para desayunar, otra a media mañana y otra para espabilar de la siesta. Cuando he tenido un día largo y me quedan cosas por hacer, a veces me tomo una última taza de té a media tarde, ya que vivo convencido de que la ingesta de cantidades moderadas de cafeína combate el cansancio y puede compensar la sintomatología esencial del TDAH, incluido el hiperfoco no deseado, que es lo que se conoce como *rallarse con algo*.

Si bien la cafeína cubre decentemente los problemas de enfoque mental, sean por defecto o por exceso, sus bondades no están tan claras en cuanto a la reducción de la hiperactividad o el control de impulsos, más bien al contrario. Si tomo dos tazas de té seguidas, el temblor de piernas está garantizado y también puede aflorar algún que otro tic en el hombro. Me levanto y me siento más veces, voy al baño sin tener necesidad, me acerco a la cocina simplemente por estirar las piernas… ese tipo de cosas.

No creo, por tanto, que la cafeína sea una sustancia equiparable a los psicoestimulantes y, mucho menos, que los pueda reemplazar como tratamiento único, pero sí puede ser un buen complemento farmacológico, especialmente cuando los efectos de la medicación TDAH específica se desvanecen, o en las horas del día en que cuesta más poner en marcha las funciones ejecutivas, como son el arranque de la mañana o de la tarde.

Puestos a buscarle pegas a la cafeína como molécula de respaldo, hay que decir que su contenido es una incógnita en cada taza de té o café que se consume. Quien busque algo más de rigor encontrará en farmacias y herboristerías productos con cafeína en su composición. Hay una amplia variedad de cápsulas, ampollas y comprimidos que potencian el rendimiento mental en épocas de estrés, contrarrestan la astenia primaveral o favorecen las relaciones sexuales, donde el contenido en cafeína viene detallado. También se sabe la cantidad exacta de cafeína que contienen los refrescos de cola y las bebidas energéticas, aunque son menos recomendables. En un momento dado, las bebidas energéticas pueden sustituir a una o dos tazas de café o té, pero conviene leer la etiqueta con mucha precaución, ya que pueden contener más de un estimulante aparte de la cafeína —taurina, ginseng y similares—, así como un alto contenido en glucosa, que es otra de las moléculas tabú para el TDAH.

SUSTANCIAS DE ABUSO

El mercado ilícito está sembrado de sustancias estimulantes como la cocaína, el *speed* o las que se vinieron a llamar drogas de diseño, del estilo del MDMA o éxtasis. Por mucho que estas últimas provengan de las anfetaminas, no hace falta decir que su empleo no tendría justificación posible para uso complementario o sustitutivo de los psicoestimulantes de curso legal.

Dado que la duración de los efectos de las drogas de diseño se prolonga durante horas, en el hipotético caso de que estas fuesen de gran pureza y estuvieran dosificadas con precisión —que no suele ser el caso— podrían producir beneficios equiparables a los de la dexanfetamina o el metilfenidato, mientras que la cocaína representa la peor de las malas opciones. En primer lugar, porque los agentes de corte con la que se adultera la descartan como sustancia potencialmente terapéutica, y, por otro lado, porque el mecanismo de acción de la cocaína hace que sus efectos apenas se sostengan entre veinte minutos y media hora. Se mire por donde se mire, no hay argumento posible para consumir sustancias ilícitas desde la perspectiva terapéutica del TDAH.

Se han escrito también ríos de tinta en lo que respecta al empleo del cannabis terapéutico. Es innegable que la relajación que induce su consumo podría beneficiar a la vertiente hiperactiva del TDAH, pero la evidencia científica determina que el THC reduce la disponibilidad de dopamina en el espacio sináptico, lo que a fin de cuentas agravaría la sintomatología característica del TDAH. También está registrado que su uso continuado puede dar lugar a episodios de paranoia y confusión mental. Esto por no hablar del bloqueo de las funciones ejecutivas y la apatía motivacional que induce.

Tampoco hay que olvidar que el consumo de cannabis va muchas veces asociado al aporte de nicotina, que es otro poderoso neurotransmisor, por lo que el cóctel de moléculas que circulan por el espacio sináptico tendría efectos impredecibles. Si se combina con el uso de psicoestimulantes para el TDAH, en general el cannabis entorpece la acción y los efectos de estos. Quien defienda su uso terapéutico es libre de hacerlo, siempre que sea consecuente y deje de consumir psicoestimulantes para evitar el desconcierto neuronal.

Dejamos para el final a la sustancia de abuso estrella de todas las asociadas al TDAH: el alcohol. Por estar íntimamente relacionado con elementos como la ansiedad social o la timidez propia de quien tiene baja la autoestima, el gran problema del alcohol es que es una droga social y una sustancia engañosa. La sedación que inducen las bebidas alcohólicas beneficiaría en un principio a la hiperactividad y la agitación, porque las bebidas alcohólicas ralentizan el sistema nervioso y esto produce un efecto ansiolítico. Además, se tiene constancia de que el consumo de alcohol en cantidades moderadas incrementa los niveles de dopamina, y de ahí que se pueda entender como una forma de automedicación inconsciente para combatir de forma instintiva parte de la sintomatología del TDAH, especialmente en quienes lo padecen sin haber obtenido un diagnóstico.

Aparte de los problemas hepáticos o de dependencia que conlleva su uso continuado, al ser el alcohol una sustancia que desinhibe, este hace que la impulsividad propia del TDAH se

dispare. Se tenga o no TDAH, el consumo de grandes cantidades de alcohol es suficientemente problemático por la desinhibición que propórciona, pero en el caso de los desórdenes
que nos ocupan, el riesgo se multiplica. Ni siquiera hace falta
alcanzar el estado de embriaguez para que la potencia de frenada se reduzca a niveles mínimos, pero cuando se emborra-
cha el *pitufo maquinista* que habita nuestro córtex prefrontal, el
TDAH se lanza hasta que descarrilla.

La correlación entre el TDAH y el consumo de alcohol
siempre será motivo de debate. ¿Se cometen estos excesos
por la personalidad compulsiva y desinhibida que confiere el
TDAH o son el alcohol y los malos hábitos los que empeoran
su pronóstico? Estudios como los llevados a cabo por el psicólogo estadounidense Bradley H. Smith en el año 2002 sugieren
que TDAH y alcohol podrían estar de alguna forma correla-
cionados. Estas observaciones no aportan ninguna evidencia
científica de por sí, pero no por eso dejan de ser relevantes.
Según se interpreta de los resultados del trabajo de Smith, en
el momento de realizar el estudio una de cada cuatro personas que estaban tratando sus problemas de alcoholismo tenía
también TDAH, dato que contrasta el 2,5 % de la población
adulta diagnosticada o el 5 % que —tirando por lo bajo— se
estima que lo padece. Muy mal resumido, de estos informes
podríamos concluir que es cinco veces más probable padecer
de alcoholismo si se tiene TDAH.

ANTI-ANTIDEPRESIÓN

En medicina se entiende por diagnóstico diferencial aquel
proceso que descarta afecciones con manifestaciones similares
hasta dar con el problema de origen. Se estima que un 75 % de
las personas con TDAH padecemos comorbilidades adyacentes, por lo que es fácil que estos desórdenes —conducta alimentaria, abuso de sustancias, ideación suicida— hagan sombra a

la base del problema. Dentro de las posibles comorbilidades, las más frecuentes son los episodios de ansiedad y depresión; muchas veces, el diagnostico puede estar obviando el TDAH para tratar únicamente estas últimas.

Que para diagnosticar el TDAH correctamente haya que descartar comorbilidades adyacentes no significa que no se deban tener en cuenta a la hora de abordar el problema en su conjunto. De hecho, a menudo las comorbilidades superan en gravedad al trastorno del que derivan, por lo que necesitan ser igualmente tratadas, quizá con más urgencia. Dicho de otro modo, a veces es necesario, o al menos recomendable, complementar el uso de psicoestimulantes con ansiolíticos o antidepresivos.

Los diagnósticos —erróneos— que precedieron al de mi TDAH indicaban que lo que tenía era un cuadro mixto de ansiedad y depresión, por lo que en su día empecé a tratarme con sertralina, un antidepresivo que me recetaron por prescripción psiquiátrica. Lejos de producir algún beneficio, el empleo continuado de sertralina me hacía pasar el día con náuseas permanentes, así que se decidió cambiar a citalopram, una molécula que me provocaba más náuseas aún.

Si la medicación referencial para el TDAH inhibe la recaptación de dopamina para favorecer su permanencia en el espacio sináptico, muchos antidepresivos —entre ellos los que me recetaron a mí— funcionan de forma parecida, solo que, en vez de ser selectivos hacia la dopamina, lo son hacia la serotonina. A muy grandes rasgos, la serotonina es el neurotransmisor que flaquea si hay depresión.

Algunos estudios indican que las presentaciones del TDAH inatento, impulsivo o de tipo combinado podrían explicarse con base en los balances de dopamina y serotonina. Esto vendría a defender que, efectivamente, hay personas con TDAH que pueden padecer, a modo de comorbilidad, una depresión de manual con un perfil bajo de serotonina. Estas personas podrían tratar dicha descompensación con paroxetina, Prozac o los antidepresivos que me recetaron. Lo malo es que otras veces se confunde la profunda tristeza y el desánimo que provoca sentirse fuera de la sociedad con una depresión convencional, aunque los niveles de serotonina no sean anormalmente bajos. En esos casos… ¿qué pasa si aumentamos unos niveles de serotonina que eran los correctos? Un uso continuado de antidepresivos cuando no hagan falta rebosará de serotonina los espacios sinápticos provocando lo que se conoce como un síndrome serotoninérgico. Sus síntomas incluyen, aparte de las náuseas, problemas gastrointestinales, insomnio por las noches y somnolencia por el día, además de una lógica fatiga mental y física que desde luego no mejora el estado de ánimo de quien se supone que tiene depresión.

Aunque no pueda afirmarlo con certeza, en vista de las reacciones adversas que me provocaron los antidepresivos diría que mi serotonina está en su sitio y que mis limitaciones provienen sin más de una baja sensibilidad hacia la dopamina.

Hay de todas formas un antidepresivo, el bupropión, que por la forma en que funciona puede dar buen resultado en la farmacoterapia para el TDAH cuando no procede el uso de psicoestimulantes. A diferencia de los antidepresivos antes mencionados, el bupropión —que en España se comercializa como especialidad genérica o bajo el nombre comercial Elontril— presenta un mecanismo de acción con un mínimo efecto sobre la recaptación de la serotonina, es decir, que no aumenta demasiado los niveles de esta en el espacio sináptico. En vez de eso, inhibe de manera muy eficaz los procesos de recaptación de dopamina y noradrenalina, igual que hacen los medicamentos tradicionales psicoestimulantes para el tratamiento del TDAH.

La ficha técnica del Elontril es intrigante. Está indicado para «el tratamiento de la depresión mayor», pero al mismo tiempo reconoce que «se desconoce su mecanismo de acción como antidepresivo». Por si esto fuera poco, esta misteriosa molécula es también uno de los fármacos de referencia para el tratamiento de comportamientos compulsivos como la adicción a internet o los videojuegos, y tengo constancia de al menos dos casos de personas con TDAH de ubicaciones muy distintas —una amiga finlandesa y un paciente de Tolosa— que no pueden tratar sus desórdenes con psicoestimulantes y lo hacen con bupropión; una molécula de creciente interés se mire por donde se mire.

EL ANSIA VIVA

En cuanto al empleo de ansiolíticos de emergencia —«si te pones muy nervioso te tomas una de estas»—, me ha llevado años aprender a leer mis estados emocionales para averiguar en qué situaciones me asalta la ansiedad y cómo se manifiesta. Me explico. Esto de *ponerse muy nervioso* es tan relativo que se tiende a pensar que la ansiedad aparece cuando nos pasa algo malo o sentimos que peligra nuestra integridad. Obviamente, las situaciones amenazantes me ponen alerta y me incomodan, y este estado de alerta lo identificaba como ansiedad. Cuando me encontraba en esas situaciones, hacía uso de la medicación prescrita, que en mi caso eran —siguen siendo— comprimidos de 0,25 mg de alprazolam; el Trankimazin de toda la vida. Si hay presentaciones de alprazolam de hasta 2 mg, la que tengo prescrita como *molécula de emergencia* para cuando me pueda el ansia sería la de menor dosis, ocho veces más suave que la más potente.

Antes una caja de 28 comprimidos de alprazolam 0,25 mg me duraba meses, pero aprender a interpretar bien mis estados de ansiedad ha hecho que directamente se queden olvidadas al fondo del cajón. Esto es debido a que con el paso del tiempo he averiguado algo importante. En realidad, el TDAH me ha vuelto una persona muy resiliente, y se me da bien mantener la cabeza fría cuando tengo que hacer frente a cualquier peligro o contratiempo, supongo que a causa de haberme pasado toda la vida metido en líos. Estar en calma ante la adversidad y tener la capacidad de analizar la situación en busca de soluciones son cualidades muy características y reconocibles del TDAH. Sin embargo, en estos cinco años de autoexploración, y más concretamente el tiempo que he estado analizando de forma activa mis emociones para expresarlas en este ensayo, vengo observando que cuando me pongo ansioso de verdad es cuando me pasa algo bueno.

Con el TDAH es casi todo como *el mundo al revés*, y quizá mi cerebro esté más preparado para las crisis que para las situaciones favorables. Aquí es donde mis neurotransmisores se desregulan y mi cerebro deja de pensar con claridad, y es en estas situaciones cuando me vendría bien un ansiolítico para no venirme demasiado arriba.

INTERVENCIÓN MULTIMODAL

El TDAH es un trastorno que condiciona muchos aspectos del día a día, de la vida, en general, y de las relaciones interpersonales, en particular. Si se diagnostica en la niñez o la adolescencia, el margen de reacción es más amplio que si se hace a edades adultas, ya que además de iniciar un tratamiento farmacológico, la detección temprana permite implementar medidas psicoeducativas para formar e informar sobre los desórdenes propios del trastorno a quienes lo padecen, así como a su entorno próximo. La sensibilización de familias, compañeros y compañeras de clase y personal docente complementa las terapias farmacológicas y cubre flancos que quedarían desprotegidos si el TDAH se trata únicamente con medicamentos.

Independientemente de que la sintomatología esencial del TDAH o sus comorbilidades mejoren por intermediación farmacológica, todos los *manuales de estilo* señalan la importancia de tratar el trastorno desde todos los ángulos posibles, lo que incluye modelos de intervención didáctica sobre las familias, el ámbito escolar y, a poder ser, los entornos laboral y social.

Esto significa que para que el tratamiento farmacológico del TDAH sea realmente efectivo debería apoyarse en varias patas, brindando al resto de partes implicadas las herramientas necesarias para que la integración de quienes padecemos estos desórdenes sea posible.

La intervención multimodal va de hacer seguimientos, facilitar material bibliográfico y fomentar la implementación de redes de apoyo, ya que toda ayuda es poca y la incomprensión que existe en torno a estos desórdenes sigue siendo mayúscula. Se da por tanto gran importancia a informar al entorno de las personas afectadas para adaptarlo y que sea más *TDAH friendly*, ya que con la medicación solo estaría cubierta la parte neuroquímica del problema, quedando pendientes las cuestiones adaptativas y de integración. Aunque se supone que las intervenciones multimodales deberían acompañar a quien padece TDAH tenga la edad que tenga —que también se eduque al entorno de adultos y adultas afectadas para favorecer su integración—, a efectos prácticos, este papel coterapéutico recae únicamente en los ámbitos educativo y doméstico.

Lamentablemente, cuando se alcanza la adultez, la incorporación al mercado laboral o a la vida social alejada del núcleo familiar y de la escuela vuelve a dejar desprotegidas a las personas con TDAH, y la calidad de vida de quienes padecemos estos desórdenes se va resintiendo. Por una falta de formación, por puro desconocimiento del origen de ciertos comportamientos chocantes, estridentes y, por qué no decirlo, ofensivos que aparecen cuando el TDAH se manifiesta con mayor intensidad, esta incomprensión y las actitudes críticas que genera condenan al TDAH a la marginalidad, empeorando tanto el pronóstico como la calidad de vida. Sin las adecuadas herramientas para la resolución de estos conflictos, la marginalidad y el estigma empeoran el pronóstico de las personas afectadas, estemos o no tomando medicación para tratar de salir adelante.

PINGÜINO SIN RUMBO

La especie *Pygoscelis papua* o pingüino gentú de Nueva Guinea tiene una peculiar forma de cortejo, que es regalar piedrecitas erosionadas por el mar a la *pingüina* con quien pretenden emparejarse. Así muestran su afecto, y comprueban la receptividad por la otra parte. De estos cantos rodados seleccionados con esmero le viene el nombre al *pebbling*, otra conducta, otro verbo, otra metáfora de la que se priva a quien no investiga las cuestiones del TDAH utilizando el inglés como idioma de referencia. En los países de habla inglesa, sin embargo, esta *costumbre pingüina* es tan conocida que hasta tienen un villancico sobre el tema: *On the first day of Christmas my true love gave to me the best pebble out there they could see.* Traducido vendría a decir que el primer día de Navidad mi amor verdadero me regaló el mejor canto rodado que encontró.

La región antártica que habitan estos pingüinos gentú —gentoo o pingüino juanito, también se les llama— es tan inhóspita que no disponen de material vegetal para hacer sus nidos, y como tampoco hay arena donde escarbar, estas aves anidan sobre lechos de piedras. En época de apareamiento, los ejemplares macho de *Pygoscelis papua* recorren las playas abarrotadas de cantos rodados o *pebbles* y bucean en las frías aguas hasta dar con el guijarro perfecto, que portarán en su pico para dejarlo a los pies de la *pingüina* que les gusta.

La cultura gentoo tiene sus normas sociales en torno a esta costumbre. Si esta muestra simbólica es bien recibida, sería como aceptar un anillo de compromiso, pero en versión piedra. En ese caso, el ejemplar de *Pygoscelis papua* hembra se da otra vuelta para buscar una nueva piedra y, a partir de ahí, repiten la operación las veces que haga falta hasta construir un nido alrededor del cual formar una familia. Se sabe que los gentús establecen vínculos para toda la vida, y también que las colonias de esta especie destierran a quienes cometen alguna infidelidad. El *pebbling* de los pingüinos juanito es por tanto una forma de comunicación basada en el obsequio y la receptividad que ambas partes —incluso el resto de la comunidad— saben interpretar y un lenguaje del que se valen para socializar.

En los ámbitos *online* de temática neurodivergente, sobre todo en los orientados al TDAH y los trastornos del espectro autista, se habla del *pebbling* a menudo, explicando cómo debe interpretarse este «lenguaje del amor neurodivergente». Igual que el pingüino gentú no regala piedras sin más, se habla del lenguaje del *pebbling* en términos de dulzura y cariño, como si agasajar con detalles en busca de aceptación fuese algo bonito como lo que hacen los pingüinos que, además de caernos muy simpáticos, son leales hasta la médula, pero… ¿qué pasa si la otra parte no capta el mensaje en forma de piedra? El *pebbling* es un lenguaje ritual que corre el riesgo de pasar desapercibido o incluso de ser malinterpretado. Los ejemplares que reciben las piedras deben saber qué significan estos detalles, y el pingüino obsequiador debe saber cuándo parar si no surten efecto sus agasajos, por lo que hay elegir bien a quién se le regalan las piedras, y es fundamental que ambas partes entiendan cuál es el propósito de semejante ritual. Si un gentú le regala una piedra a una orca, la cosa no suele salir bien.

Derroche de piedras

En relación al TDAH, un comportamiento que suele equipararse al *pebbling* sería el conocido como *info dumping* o volcado de información, que consiste en compartir con aquella persona a la que se quiere mostrar afecto toda la información de la que se dispone sobre un asunto de interés personal. Ejemplo: si quedo a tomar un café con alguien que aprecio y le recito de memoria los 10 capítulos que preceden a este, sería un volcado masivo de información sobre TDAH, que es actualmente uno de mis *intereses especiales*.

Según estos planteamientos, con estos volcados de información lo que pretendo es mostrarme extremadamente abierto y sincero para demostrar mi compromiso, por un lado, y comprobar si hay aceptación y receptividad, por el otro.

Creo que entiendo por qué se relacionan estos dos conceptos en las redes sociales neurodivergentes. Lo llaman *love languages* o *love locutions* porque estos *lenguajes del amor* solo los ponemos en práctica cuando tratamos de integrarnos y hacernos comprender. Justificando estas conductas a modo de gesto cariñoso, se pretende aclarar que no estamos simplemente regalando una piedra o soltando una *turra*, que para los efectos sería lo mismo, sino que es una muestra de afecto en toda regla. Con esto quiero decir que, aunque me reconozco en conductas como el *pebbling* y el *info dumping* —las he estado poniendo en práctica toda la vida sin saberlo— lejos de parecerme algo tierno y un lenguaje del amor neurodivergente, lo entiendo como manifestaciones de inseguridad a causa de un TDAH que me ha hecho sentir siempre el pingüino raro de la playa, el niño al que elegían el último para formar equipos en el recreo y el adulto al que no se incluye en los grupos paralelos de WhatsApp. La cosa va de intentar contarlo todo de golpe para hacerse valer.

Cuando alguien se ve diferente o se encuentra fuera de lugar en un entorno que le es nuevo, el refranero es muy claro al respecto: «Allí donde fueres, haz lo que vieres». En inglés esta conducta es lo que se conoce como *mirroring* (hacer de espejo). Como parte de mis proyectos enfocados a la salud mental, tuve la oportunidad de acudir en calidad de invitado por la Fundación Jasón a una sesión de inteligencia emocional para familiares de niños y niñas a quienes se les habían detectado unas altas capacidades. En la tertulia, una de las asistentes explicó que su hija, de siete años creo recordar, siempre que acudía a una fiesta infantil empleaba la estrategia de acercarse a cada participante para preguntar, de uno en uno, cuál era su pasatiempo favorito y si podían jugar un rato. Este sencillo ejemplo me hizo caer en la cuenta de que llevaba toda mi vida prediagnóstica en *modo espejo*, y que mi derroche de *pebbles* en busca de aceptación e integración no había tenido mucho éxito.

Tendría quince o dieciséis años cuando me hice socio de la Real Sociedad solo por pasar los domingos con mi *cuadrilla* de la época. El año anterior me habían cambiado de colegio por razones de logística y no hacía ni un año que conocía a mi nuevo grupo social, y como la alternativa a quedarme en casa los domingos era ir al fútbol no me quedó más remedio que hacer ver que era un gran hincha. Me sabía las alineaciones de memoria, cuando no hay cosa que me aburra más que el fútbol. Como además la Real se clasificó para la UEFA, aquel año comí más pipas que en toda mi vida, pero al menos me sentía parte de algo.

Hasta que comprendí —hace bien poco— lo inútil de estas conductas, mi comportamiento lo determinaron el *pebbling* y la complacencia hacia los demás. Mimetizar las costumbres y aficiones de quienes nos rodean para adaptarnos sin mostrar nuestras rarezas y debilidades, ofrecer guijarros en busca de aceptación, aprender sobre sus intereses para convertirlos en intereses comunes y adoptar una postura receptiva a todo lo que se propone es un comportamiento característico de algunas neurodivergencias como el TDAH que recibe en inglés el nombre de *people pleasing*. No creo que la figura del *people pleaser* tenga traducción al castellano aparte de *bienqueda*, pero describe esta estrategia agasajadora, servicial y complaciente como camino hacia la integración.

Por más que busque tampoco he encontrado en internet ningún artículo, columna, post o tuit que relacione el *pebbling* o los volcados de información con la figura del *people pleaser*, y pienso que hablar de estas conductas presentándolas como una forma dulce de comunicarse a través de pequeños gestos es romantizarlas y autoengañarse.

Cero en orientación

Se hablaba en el capítulo anterior de las intervenciones multimodales y de la importancia de las acciones didácticas para formar y educar a familia y entorno en las cuestiones del TDAH. Sin embargo, a finales de los ochenta y en la década de los noventa —que es cuando me hubieran venido bien dichas intervenciones— las cosas no funcionaban así. Cuando yo era chaval había tal desinformación sobre los rasgos característicos del TDAH o las altas capacidades y la forma en que se pueden manifestar y solapar, que si alguien se las arreglaba para *no dar guerra* en casa o en el cole resultaba impensable que estuviese desarrollando algún tipo de trastorno.

No es que no hubiera información disponible, es que ni siquiera existían estas cosas. Aunque hoy la información nos desborda —ahora tenemos demasiada—, aquella era la época en que las nuevas tecnologías y el wifi estaban por aparecer. Los *router*, que se llamaban módem, emitían pitidos y tardaban minutos en conectarse a la red, y los móviles ni existían.

Estoy convencido de que en los próximos años habrá un *boom* de nuevos casos como el mío, de personas adultas que fueron niños, niñas y adolescentes en los noventa que irán descubriendo condiciones mentales que en su día pasaron desapercibidas. Como el acceso a la información era tan limitado y la concienciación sobre la salud mental infanto-juvenil prácticamente nula, resultó ser una trampa tener la capacidad de desenvolverse en lo académico o en lo social sin levantar sospechas. Sin opción de acudir a sesiones de inteligencia emocional ni *mindfulness*, que tampoco existían, la única forma de integración posible consistía en imitar el comportamiento y las costumbres neurotípicas enmascarando las rarezas que nos hacían diferentes, y esas siguen siendo nuestras herramientas. El plano farmacológico tampoco estaba contemplado, por lo que, durante décadas, no existía ninguna de las patas sobre las que se sustenta hoy la intervención multimodal. Pienso que en mi niñez y en la adolescencia, si me faltó orientación fue precisamente por ser capaz de realizar esfuerzos adaptativos y no crear problemas.

Uno de mis mayores actos de *people pleasing* o complacencia hacia los demás fue estudiar Farmacia. Sacando la nota de selectividad más alta de mi clase —hasta me pusieron un 10 en Filosofía, si no recuerdo mal— me aseguré plaza en casi cualquier facultad de Euskadi. Podría haber estudiado para arquitecto, psicólogo o periodista, que eran las carreras que estaban entre mis preferencias, pero en vista de que mi tía Carmen tiene una farmacia en Madrid, por tener contenta a la familia acabé matriculándome para formarme como boticario.

Como pingüino universitario con la mayoría de edad recién estrenada, aprobar asignaturas esforzándome *lo justito* se convirtió en mi única obligación. Me aburrí enseguida y traté de darle la vuelta estudiando algo que me despertara mayor interés, así que una vez aprobado primero de Farmacia quise presentarme a las pruebas de acceso de Bellas Artes en Barcelona. Sentía que decepcionaba a los míos, pero lo comenté en casa después de darle muchas vueltas y me preparé para el examen de acceso tomando clases de dibujo durante un par de meses.

178

Compré un billete de ida y vuelta y reservé noche en el Hostal Lloret de las Ramblas cuando todas estas cosas se hacían guardando cola en la oficina de Renfe o llamando por teléfono a los alojamientos que aparecían en las páginas amarillas de los locutorios, donde contaban con las guías de cada ciudad ordenadas alfabéticamente. Todavía no me explico cómo fui capaz de gestionarlo a la edad de diecinueve años, pero esta anécdota perdería bastante si la escapada no hubiera sido un desastre.

A Google Maps le faltaban unos cuantos años para inventarse, y orientándome —es un decir— con un plano de Barcelona ni siquiera llegué a poner un pie en la facultad de Bellas Artes. Tenía marcados en rojo el Hostal Lloret, que veo que hoy es un hotel, y la facultad de Bellas Artes. También dibujé cuidadosamente el recorrido que tenía que seguir, pero pasé por alto que las distancias de un plano de Barcelona no son las mismas que las de uno de San Sebastián. La Avinguda Diagonal tiene 11 km de longitud, y la Avenida de la Libertad de Donosti mide exactamente 1056 metros. Por lo que sea, me pareció buena ir dando un paseo que hoy veo que se trata de una caminata de casi seis kilómetros, y ese fue mi primer gran fallo de planificación con inequívoco sello TDAH: «En media hora estoy allí de sobra».

Una vez asimilado que no llegaría a tiempo a las pruebas, este pingüino detuvo la marcha, dio media vuelta y caminó en sentido contrario hasta el Hostal Lloret, donde hizo la mochila para dirigirse a la estación de Sants con la autoestima por los suelos.

Creo que no probé bocado en todo el día. Tampoco sentí hambre. El billete de vuelta era nocturno y me tocó hacer tiempo durante unas cuantas horas, y la espera me hizo sentir la persona más inútil del mundo. Nada más subir al tren, supongo que borré el incidente de mi disco duro, ya que apenas guardo recuerdos de la espera en Sants, del viaje de vuelta o de mi llegada a casa.

Camino de Santiago

A raíz de mi aventura fallida por Barcelona descubrí que en la adultez hay un salto cualitativo con respecto a las manifestaciones del TDAH. Arrojar la toalla en mitad de la Diagonal renunciando a mis proyectos fue, sin duda, la puesta de largo de otro tipo de trastorno de consecuencias mucho más dolorosas —emocionalmente hablando— que incidentes anteriores como el que viví de niño con el meñique y el sacapuntas. Puestos a relacionar ambos sucesos, veo paralelismos en la ocultación con una mezcla de orgullo y vergüenza. Segundo intento de hacer las cosas a mi manera, segundo fracaso. Ni meñique puntiagudo ni estudiante de Bellas Artes en Barcelona, pero toca apechugar.

Aunque lo fuera, no recuerdo esta vivencia como una experiencia traumática. Si es verdad que la dopamina participa en la memoria de las experiencias y la retención tanto de acontecimientos traumáticos como satisfactorios, esta vez la mala retentiva jugó a mi favor. Por lo visto, cuando la dopamina no está presente en el proceso de aprendizaje, en la memoria no queda una impronta del éxito, pero tampoco del fracaso.

Estrenando por todo lo alto un síndrome del impostor también muy característico del TDAH, retomé la carrera en la facultad de Vitoria-Gasteiz. «¿Las pruebas de acceso? Uy, muy difíciles. No creo que consiga entrar». Que no falte el *masking*. Aquí no ha pasado nada.

Cuando los resultados académicos acompañan se tiene tiempo para hacer cosas más apetecibles, y mi estrategia siempre fue la de seguir haciendo lo que se esperaba de mí —estudiar y aprobar— para no perder esta carta blanca. Esto me dejaba margen para dibujar, trastear con las primeras versiones del Photoshop —empecé con la 3.0, va por la 24— y escuchar discos estudiándome los libretos de arriba abajo, que son cosas que me han gustado siempre. Llegó la época en que se podían duplicar cedés, y recuperé la costumbre que tenía de grabar casetes siendo adolescente, solo que esta vez los *pebbles* eran discos pirata con los que obsequiaba a mi entorno.

Las carátulas de las casetes que grababa de pequeño, tan cuidadosamente decoradas, pasaron a ser portadas diseñadas por ordenador; toda una *modernez* para la época. El último libreto que diseñé acompañaba a un recopilatorio de Pearl Jam que grabé para mi *cuadrilla* a modo de despedida antes de mi siguiente gran mudanza.

Como me seguía aburriendo en la carrera, trasladé el expediente académico a Santiago de Compostela, y como veo en la carátula que este disco es de mayo de 1998, calculo que tenía veintidós años y ya iba por mi séptima mudanza. Tampoco imagino cómo pude resolver por mi cuenta el papeleo para el traslado de expediente y las convalidaciones entre una facultad y otra, más que nada porque a finales de los noventa nada de esto se hacía por internet. Después de pasar varios meses tocando puertas para sellar documentos de validación y planes de estudio en cada departamento implicado, pude mudarme a Compostela, donde conseguí hacerme con el título de farmacéutico. Se acabó el chollo de sacar buenas notas para subsistir.

Adultescencia programada

Aunque intenté seguir haciendo lo que se esperaba de mí trabajando una temporada con mi tía Carmen en la farmacia de la que hoy podría ser el titular, la idea de asentarme y establecer un negocio no es compatible con las inquietudes que me asaltan, por lo que esta vez fui yo quien rechazó un *pebble* de enormes proporciones que me habría resuelto la vida. Podríamos decir que mi actitud no fue la más agradecida ni receptiva. Dicho con todo el respeto al oficio que paga mis facturas, simplemente no me veía brindando por la jubilación tras el mostrador de una farmacia.

Por seguir probando cosas, le pedí a mi tía una excedencia de seis meses para asistir a un curso de diseño gráfico en Barcelona, donde no me llevó ni tres semanas encontrar trabajo en una farmacia del centro. Muy cerca del Hostal Lloret, por cierto. A pesar de que a la burbuja de mi TDAH le quedaran unos años por estallar, hoy me parece evidente que ya empezaba a perder el control sobre mis impulsividades cuando me vi en Barcelona por segunda vez.

En la primera farmacia donde me contrataron desplegué el peor repertorio de mi trastorno en su modalidad laboral. Llegar siempre un poco tarde, atender al mostrador sin una pizca de motivación, discutir con las compañeras por tonterías, olvidar encargos, plantarle cara al jefe... es milagroso que me aguantaran tres años. Ni fui un buen empleado ni me enorgullece la forma en que salí de allí. En vista de que mi memoria también se ha encargado de guardar mi primer despido en un cajón, cuando empecé a organizar los capítulos para este ensayo escribí un correo a mi exjefe para disculparme y conocer las impresiones sobre cómo se desarrollaron los acontecimientos. El correo sigue pendiente de respuesta.

Después de eso, ejercí con bastante mejor actitud en tres boticas más. Aproveché las horas de mostrador para aprender catalán, que era la única lengua cooficial que me quedaba por hablar, y se alargó la cosa. Lo que iba a ser un curso de diseño gráfico de seis meses acabó convirtiéndose en una etapa de ocho años que hoy entiendo como un simulacro de adultez; una *adultescencia* donde mis únicas preocupaciones pasaban por mantener la compostura y no perder más trabajos.

De forma paralela a mi profesión oficial, invertí las pagas extras y los finiquitos de trabajos puntuales en hacerme con un buen ordenador y probar suerte como diseñador gráfico. No tener en cuenta que a principios de los dosmiles Barcelona estaba a rebosar de diseñadores gráficos es el fallo de previsión que me cuadra con el TDAH que tengo, regido por una impulsividad que me empuja a lanzarme a piscinas sin comprobar la profundidad, o si hay agua siquiera. Como no tenía forma de ganarme la vida con el diseño gráfico, estuve años encargándome de la imagen de un local que se llamaba Isladencanta, como la canción de los Pixies.

Por amor al arte, a la música y porque no me cobraban las cervezas, diseñé a precio de saldo incontables carteles para tan ilustre garito ya desaparecido. En perspectiva, entiendo que la práctica de *pebbleing* y *people pleasing* estaba alcanzando niveles tan preocupantes como imperceptibles; aun así, fue una buena experiencia. Mis habilidades como diseñador gráfico mejoraron y también pude hacerme con alguna noche que otra para pinchar mi música favorita. De hecho, montamos un pequeño colectivo entre los *djs* de la casa, con un logo muy cutre que también fue cosa mía. Hicimos hasta camisetas.

Amontono sobre el escritorio nóminas y finiquitos de las farmacias donde ejercí con bata blanca y seriedad, ordenadas por fecha ascendente. Todos estos artículos compensan mi agnosia cronológica o *time blindness* y me refrescan la memoria. Tras meses de investigación autobiográfica, vivo rodeado de fotos, contratos de trabajo y *flyers* que se apilan en cada rincón. No veo el momento de llevar toda esta nostalgia de vuelta al trastero en cuanto termine de rememorar mi adultez temprana, la verdad. Estas muletas visuales, junto al resto de objetos y documentos que han invadido mi hábitat durante meses, me ayudan a situarme en una época que para mi memoria no es sino un revoltijo de eventos que recuerdo vagamente y ubico con dificultad. Así es como percibe —o, mejor dicho, como no percibe— el paso del tiempo un cerebro con agnosia cronológica. Según el día, unas veces mi abarrotada casa se ve como un museo y otras está todo tan revuelto que parece que hayan entrado a robar. Mientras reviso estos capítulos, echo algún vistazo a lo que comparten en sus redes sociales otras personas acerca de su TDAH, y veo que varias cuentas de *influencers* llaman *pile system* o *stacking system* a esto de reunir objetos por categorías y tenerlos a la vista. En castellano lo llamamos amontonar cosas. La necesidad de tenerlo todo a la vista también es bastante característica de este trastorno, y *hacer montoncitos* representa un cuestionable método de no-organización que obedece a la máxima de que «si no lo veo, no existe». Si está en un cajón, desaparece de mi mente, pero si lo tengo delante y lo puedo ver y tocar, no.

PERDER EL NORTE

A partir de 2011, sin embargo, dejan de hacerme falta objetos físicos para hacer memoria. Mi entrada en la *adultez real* —en caso de que haya llegado a ese punto— es fácil de consultar porque coincide en fecha y hora con el tsunami que arrasó la costa este de Japón. El 11 de marzo de 2011, la que fue mi pareja abandonaba el ático que compartíamos en el barrio de La Barceloneta.

Enciendo la tele y me encuentro con una catástrofe humanitaria que emiten todos los canales al mismo tiempo y en riguroso directo. Asqueado por el contraste entre mis problemas sentimentales *del montón* y lo que estoy viendo por la tele —sentí hasta náuseas—, entiendo que tengo ya treinta y cinco años y que esto de ser *farmacéutico-dj-diseñador gráfico* no ha dado resultado. En dos semanas estaré mudándome a mi ciudad natal después de haber vivido fuera trece años.

De 2011 en adelante, rememorar con cierto orden los episodios que desembocaron en mi diagnóstico ha sido más fácil gracias a internet y las redes sociales, donde queda un rastro digital de cada correo electrónico, cada foto de Instagram y cada intento de adaptarme a una sociedad en la que no termino de encajar. A pesar de facilitarme la organización cronológica, revivir visualmente ciertos acontecimientos desde mis cuentas en las redes sociales me ha dejado un sabor de boca amargo. Al fin y al cabo, estamos a nada del derrumbe que sirvió para detectar mi TDAH.

En vista de que en Euskadi se seguía estilando el clásico organigrama de *cuadrilla, pareja o te quedas en casa*, y dado que mis amistades escolares vivían una adultez sin vuelta atrás —casa, familia, buenos sueldos—, tuve que empezar de cero nuevamente y tratar de hacerme sitio en una sociedad con merecida fama de hermética. Los quince días que me llevó vaciar el ático de la Barceloneta los aproveché para hacer ruido desde mis redes sociales.

Siguiendo todos los rituales tuiteros, tenía pie y medio en la escena sociocultural donostiarra antes incluso de mudarme. Recuerdo que el traslado, mi mudanza número 11, coincidió con el fallecimiento del añorado Pedro San Martín, del grupo *La Buena Vida*, así que debe ser mayo de 2011.

Reaparecí en al tablero donostiarra con ánimo de exprimir al máximo la agenda cultural, convirtiéndome en un habitual de eventos de todo tipo, tanto diurnos como nocturnos; una entrada a lo *vini vidi vinci* que interpreto como un intento desesperado por acercarme a personas a las que solo conocía a través de las redes sociales y repartir algunas *pebbles*. He pasado por lo mismo muchas veces, así que traté de adaptarme ofreciendo mi mejor versión, asumiendo una vez más el papel de pingüino visitante.

Según mi experiencia, las redes sociales son una buena forma para hacerse notar, dar con personas afines y acceder a determinados círculos, pero se generan sentimientos de pertenencia a grupo que no se corresponden con la realidad. Los *likes* y los *emojis de abracito* no son *pebbles* de amor correpondido o amistad, pero yo los interpretara como tales. En este contexto de desbarre sociocultural se idealizan vínculos, y los encuentros más efusivos son los que antes se diluyen. Al cabo de un tiempo empecé a verme como invitado de excepción más que como un amigo en quien confiar o a quien tener en cuenta, y coincidir con grupos supuestamente afines para soltarles todo mi repertorio de *info dumping* empezó a ejercer el efecto contrario al que buscaba.

Tampoco pido gran cosa. No hablo de encuentros amorosos o grandes homenajes gastronómicos, que de esto tuve suficiente. Quizá me faltó alguien de confianza con quien hablar de mis inquietudes, hacer una excursión al campo —si fui a alguna, lo hice autoinvitado— o tomar algo después del trabajo. Comer un helado en el puerto arreglando el mundo… ese tipo de cosas. «Si hacemos algo mañana te llamamos sin falta, claro que sí». Luego es domingo y compruebas husmeando en las redes sociales que, por lo que sea, nadie te ha avisado del plan. Los domingos son días difíciles para quien no encuentra su lugar, y a mí me costó digerir que los mejores momentos a los que aspiraba no tenían nada que ver con la amistad.

ETERNO COLABORADOR

A pesar de los esfuerzos, seguía sin sentirme aceptado como miembro de pleno derecho en ningún grupo de gentús. Tras un domingo entero sin salir de la cama más que para ir al baño, me asusté y pedí cita para recibir ayuda psicológica. Siempre he pensado que mis ciclos son de cuatro años, y en marzo se iban a cumplir los cuatro años de mi vuelta a San Sebastián, así que el 2 de febrero de 2015 recibí asistencia psicológica por primera vez. No es que lo recuerde, es que guardo el volante del ambulatorio como marcapáginas. En el mismo volante también hay apuntadas citas posteriores el 6 de abril, el 25 de mayo y el 9 de junio, que fue cuando dejé de buscar respuestas en el ámbito de la sanidad pública.

Con tal de seguir en el ajo sin salir tanto de fiesta, empecé a participar a modo de colaborador con todo evento que se me pusiera a tiro, un cambio de estrategia que hoy interpreto como una huida hacia adelante buscando la integración social que no llegó. Entendida como la figura que trabaja gratis para organizaciones con las que simpatiza, ofrecerse a participar en tal o cual evento no deja de ser otra forma de mendicidad emocional, al menos en mi caso así lo fue. Hoy siento que fui demasiado generoso con mi tiempo y mi entusiasmo, y que estos fueron poco valorados.

Conservo las acreditaciones de la época como si fueran medallas de guerra. Las tengo todas juntas, y la mayoría son de 2017 y 2018. De este montón de pases e invitaciones concluyo que, desde mi regreso a San Sebastián tras el tsunami de 2011, estuve unos seis años sin encontrar mi sitio, busqué ayuda psicológica sin éxito y como medida desesperada me ofrecí a trabajar gratis en todo lo que pude participando desde el lado de la organización.

Hay una viñeta del historietista Quino que resume con precisión cómo se siente una persona que hace todo lo posible por encajar en una sociedad para la que parece que no cuenta. Aunque mi nombre me lo pusieron por el hermano de Mafalda, mi personaje preferido del *universo Quino* es Miguelito, quien, en la viñeta de la que hablo, se lamenta: «Es inútil; nadie parece advertir espontáneamente que soy un buen tipo». Antes de llegar a esta conclusión, Miguelito sonríe a un policía que no le hace ni caso, a una señora con un vestido de flores que pasa de largo y a otro tipo que va pensando en sus asuntos. Ninguna de estas tres personas se da cuenta de que a medio metro hay un chaval poniéndole actitud.

ANTES / DESPUÉS

Una de las diapositivas clave en mi diario documentado hacia el diagnóstico detiene este relato en noviembre de 2017, cuando mis aptitudes para el *salseo* tocan techo organizando una fiesta-homenaje a Los Planetas, mi grupo favorito con permiso de Joy Division. Aquella tarde la banda actuaba en el auditorio del Kursaal, y tirando de contactos e insistencia me las arreglé —¡gracias, Juan!— para colar una reseña en prensa anunciando un homenaje a la altura.

Posconcierto «todo vale»

Cuando concluya la actuación [...], la Cripta del Convent Garden acogerá una fiesta posconcierto organizada por tres «ultras» de Los Planetas que [...] animarán un sarao bautizado como «Rollo indie» y cuya entrada es gratuita hasta completar un aforo de 220 personas.
Iraola explica que la idea surgió al ver que «un concierto tan esperado» caía en sábado. «Se alinearon los planetas, nunca mejor dicho, y decidimos organizarlo sin ningún ánimo de lucro por nuestra parte: es amor puro y duro a la astronomía», bromea Iraola, que ha perdido la cuenta de las veces que ha visto a Los Planetas en directo.

Aunque había colaborado en otras ocasiones con el establecimiento donde se llevó a cabo este encuentro, ninguna de las fiestas que organicé allí había salido bien, así que la cripta en cuestión se presentó como la ubicación prefecta para exorcizar demonios previos. Se lo propuse al encargado y, para mi sorpresa, accedió. Conté además con la complicidad de Iban, mánager de parte de la banda, y de mi amiga Irene, que se apuntaron a pinchar. No solo es que la banda se presentara a la fiesta, sino que llegaron los primeros, y a nivel organizativo salió todo a pedir de boca. Emocionalmente, sin embargo, la velada me dejó muy tocado. Cuando se publicó la reseña en el periódico recibí muchos mensajes de presuntas amistades que aseguraron su plaza en el aforo limitado para pegarse la fiesta padre en la sacristía que hacía las veces de *backstage*, y la imagen de la que hablo es una foto que compartí desde mi cuenta personal de Instagram. Se corresponde con el final de la fiesta y aparecen tres sofás vacíos junto al escenario.

Recogiendo los bártulos me dio mucha tristeza que nadie hubiera hecho una mísera foto cuando J, uno de mis músicos y compositores fetiche, se acomodaba en un sofá a dos metros de donde hacía sonar mi música preferida para rendirle homenaje, y antes de marcharme decidí fotografiar los sofás vacíos como postal recordatoria de no pertenecer a ningún sitio a pesar de los esfuerzos. No saldría tan mal la cosa cuando también fueron los últimos en abandonar el recinto; acompañé a Los Planetas a la parada de taxis más cercana y volví a casa en el bus nocturno sin apartar la vista de la dedicatoria del vinilo que llevé para que me firmaran en caso de que pasaran por allí: «Para Guille con cariño». Otro de mis trofeos.

UNE LOS PUNTOS

Como los pasatiempos en los que se enlazan puntos hasta formar un dibujo, podría resumir los meses en los que el TDAH me pasó por encima a través de situaciones muy concretas de las que, instintiva o intencionadamente, quise dejar constancia a través de mis redes sociales. Una es la de los sofás vacíos de la cripta, que junto con otras dos o tres más que explicaré ahora trazan una clara flecha que señala la crisis donde mis desórdenes se manifestaron como nunca, encaminándome hacia el diagnóstico.

Una curiosidad de mis cuentas de Instagram son las duplicidades. Tengo varias cuentas, y en ellas hay algunas fotos idénticas publicadas el mismo día o con muy poca diferencia entre fechas. Hoy entiendo que antes de saber lo que me pasaba plantaba cuidadosamente estos nodos dobles para orientarme en el particular rastro que dejé a lo largo del proceso, y una de estas duplicidades determina la fecha exacta de mi flechazo con la artesanía. Tan solo dos días después de imprimir una tela a mano por primera vez, estrenaba una cuenta de Instagram para compartir mis andanzas en el estampado serigráfico, y la foto que puede verse en mi cuenta personal —un diseño homenaje a Los Planetas, claro— es también la primera imagen que compartí de mi nuevo proyecto. Esta duplicidad me permite ubicar el transformador acontecimiento en marzo de 2018, a nueve meses del diagnóstico.

En el TDAH es muy típico abrazar con fuerza una afición para enterrarla al poco tiempo, y si estoy convencido de que las artes plásticas marcaron la diferencia es porque antes probé muchas otras cosas que no funcionaron. La soledad me provocaba una tristeza que quienes me atendieron identificaban erróneamente como depresión, y como los antidepresivos no hacían efecto fui apuntándome a cursillos y talleres de todo tipo para tratar de ponerle remedio. Escritura creativa, marketing digital, cocina japonesa… lo que sea con tal de no quedarme en casa conmigo mismo. Encadenando actividades a modo de terapia ocupacional, la artesanía fue la que hizo *clic* en todas mis neuronas al unísono. Si establezco como punto de partida de mi proceso diagnóstico este *amor a primera tinta*, si sospeché que algo estaba pasando en mi cabeza cuando redescubrí mi afición por las artes plásticas, es porque no fue algo buscado. Cuestión de suerte, supongo. O de las prácticas de ensayo error que parece que se me dan tan bien.

La disciplina de taller —«cada cosa en su sitio y un sitio para cada cosa»— y el encanto de lo artesanal me ofrecen algo que otras terapias ocupacionales no hacen. Bauticé mi proyecto como Estudio GauGau porque *Gau* significa noche en euskera. Dedicándole las noches pude compaginar las artes plásticas con mi profesión de boticario, y esto es algo que no ha cambiado desde entonces. Los beneficios que me aportan las rutinas del taller, esta disciplina y el control de tiempo para los revelados y los secados de tintas, tener las herramientas limpias y ordenadas… Sigo tan convencido de las bondades de los procesos artesanales sobre mis desórdenes que una de mis pocas ambiciones es continuar explorando estas vías de sanación, aunque no me quede más remedio que trabajar como farmacéutico para seguir pagando facturas. Tan solo un mes después del estreno, abril de 2018, compartí también desde mi nueva cuenta la primera ubicación de mi estudio: un espacio que me cedieron en los almacenes de una sala de conciertos.

El trastero de la sala Dabadaba era una cueva donde el tiempo parecía detenerse, pero cuando las cosas empezaron a tener sentido una reforma general me obligó a traérmelo todo a casa. De esto da cuenta el sarcástico *Home, Sweet Home* que subtitula otra imagen del final del verano, en la que se puede ver el pasillo de mi casa lleno de trastos. Unos días atrás, la foto de un pantallazo azul muestra que la víspera del traslado se me estropeó el ordenador donde guardaba mis trabajos más recientes como diseñador gráfico; otro de los pequeños desastres que se me fueron acumulando. Me habría resultado imposible recordar todo esto en orden cronológico si no fuera por el rastro que dejé antes de saber de mis dificultades para ubicarme en el tiempo.

PUNTO DE INFLEXIÓN

Si debo elegir una sola foto que marque el momento exacto donde perdí la cabeza sería la que compartí unas semanas antes de las pruebas diagnósticas, en la madrugada del 4 al 5 de noviembre de 2018. En la imagen puede leerse la frase *Prove Them Wrong* (Demuéstrales que se equivocan) escrita con rabia en una de las paredes de mi salón. Que publicara esta foto un lunes por la mañana aporta algunas pistas. Deduzco que esto pasó la madrugada del domingo al lunes, y como no recuerdo nada de lo sucedido doy por hecho que vandalicé mis propias paredes en estado de embriaguez; frustrado por algo, más bien por todo, y que compartí la foto al día siguiente para dejar constancia de mi malestar. He tocado fondo otras veces, pero solo una tiene fecha y hora comprobable. A las cuatro semanas, estaba diagnosticado.

En otoño de 2018 tomé un buen número decisiones por impulso antes de saber que una de mis debilidades es actuar por impulsos. Aun así, de las cosas que hice esos meses me arrepiento de pocas. En un experimento *kamikaze* que desaconsejo, abandoné en una sola tarde los tres grupos de WhatsApp que representaban mi círculo social, y en cuestión de días comprobé que es verdad aquello de que «si no insistes, no existes». A excepción de dos amigas que se interesaron por los motivos de mi espantada, para docenas de personas dejé de contar a efectos prácticos simplemente por querer poner a prueba la solidez de todos mis vínculos emocionales a la vez. Dejar de *regar la planta de la amistad* no es un experimento que recomiende, porque la planta rara vez sobrevive. Sin grandes discusiones o reproches de por medio, toda esta indiferencia puso de manifiesto que estaba idealizando ciertos vínculos, lo que me hizo entrar de lleno en una oscura fase que me llevó directamente al diagnóstico.

Con el diagnóstico me pasó algo similar al flechazo con la serigrafía: aunque se produjo fortuitamente a raíz de un documental que vi una madrugada de insomnio en mis horas más bajas, en realidad lo mío fueron casi tres años de búsqueda. Para ser exactos, 1 407 días desde la primera visita al ambulatorio de salud mental hasta la fecha que figura en el encabezado de mi diagnóstico. En ese peregrinaje por consultas médico-psiquiátricas se me dijo que tenía de todo. Ansiedad social, crisis de identidad, trastorno límite de la personalidad, brotes psicóticos… cada *especialista* que me atendió veía en mí una cosa distinta, y en lo único en lo que coincidieron fue en mantener el tratamiento a base de antidepresivos —que no tomaba porque me provocaban reacciones adversas— y ansiolíticos a dosis bajas que he tenido pautados como complemento al metilfenidato.

Otra decisión importante la tomé entre la realización de las pruebas diagnósticas y la obtención de los resultados. Interpreté como una señal inequívoca que Russell Barkley se tomara la molestia de orientarme y no dudé en presentar mi renuncia en la farmacia donde llevaba años trabajando, con la idea de poner en marcha un pequeño taller de creatividad abierto al público. Antes de firmar la renuncia voluntaria, aproveché para pasar por el banco con mi mejor camisa y solicitar un pequeño préstamo. En la sucursal bancaria me pidieron las últimas tres nóminas y las presenté omitiendo el detalle de que a las pocas semanas dejaría de ser farmacéutico por una larga temporada. Mientras en la gestoría tramitaban mi finiquito, busqué un local asequible por mi pueblo y di con uno muy cerca de donde vivo. Una vez confirmé lo del TDAH seguí haciendo acopio pidiendo un segundo crédito en vista de que la aplicación de banca *online* todavía me tenía por un boticario solvente.

Antes de que ingresaran en mi cuenta corriente los préstamos del banco y la liquidación laboral, invertí mis últimos ahorros en una escapada simbólica de cuatro días a Mánchester, sabiendo que pasarían años hasta volver a pisar uno de mis lugares favoritos del mundo. La última vez que estuve paseando por la calle Barton de Macclesfield fue el 28 de diciembre de 2018, y no veo el momento de regresar. A mi vuelta, empecé a medicarme con metilfenidato, por prescripción psiquiátrica, y me puse a fondo con la reforma del que sería mi taller; una esquinera grande y luminosa que llevaba un buen tiempo con el letrero de «Se alquila». Estuve dos semanas poniéndolo bonito y lo abrí un lunes cualquiera.

DIOPTRÍAS CEREBRALES

Un símil que describe muy bien cómo es esto de probar por primera vez el metilfenidato es el de las *gafas para el cerebro*, siendo la expresión *brain glasses* otra de las más recurrentes en los entornos *online* específicos de TDAH. *Pensar borroso* es una condición muy limitante, y antes del diagnóstico estaba convencido de que todos los cerebros presentan las ideas en tromba, porque así lo hace el mío. De un día para otro, tus pensamientos desfilan de una forma algo más ordenada —tampoco mucho, pero lo suficiente—, con lo que cambia tu manera de entender las cosas.

No es fácil poner palabras al cambio que supone dejar de *pensar borroso*. Igual es una metáfora un poco cursi, pero yo lo comparo a estar acostumbrado a ver el cielo nocturno en *modo miope*, probar a mirarlo con gafas y ser capaz de distinguir las estrellas por primera vez. Es importante insistir en que calzarse unas gafas y ver las constelaciones a buena resolución no enseña nada sobre astrología, y que este es el punto donde hay que empezar a trabajar. Poner nombre a las estrellas, ubicarlas... De todas formas, no diría que los psicoestimulantes funcionan si no hubiera estado cinco años con un tratamiento intermitente. Al aumentar la disponibilidad de la dopamina, aparecen nuevas sensaciones de satisfacción y recompensa, y esta nueva perspectiva te cambia la escala de valores. Provoca un fuerte impacto darse cuenta de la enorme diferencia que se tiene con respecto a una sociedad acostumbrada a pensar con claridad sin ningún tipo de ayuda química y sentir satisfacción por los pequeños logros. Ser capaz de percibir el tiempo te hace comprender que has sido demasiado generoso con el tuyo, y reinterpretas comportamientos propios y ajenos en los que no habías reparado.

Según la ficha técnica, los 20 mg de metilfenidato que he estado tomando casi a diario equivaldrían a la dosis recomendada para alguien que pesa 20 kg, pero ni siquiera las cantidades mínimas me libran de sus efectos secundarios. No es una dosis alta y mi cuerpo la tolera y metaboliza adecuadamente, pero al ser capaz de *ver el tiempo* por primera vez en la vida, la obsesión con el *time blindness* me ha hecho desarrollar un trastorno obsesivo compulsivo con los horarios. Aunque el efecto de la medicación apenas dure unas horas y la claridad mental se vaya desvaneciendo a medida que se metaboliza el principio activo, estas ventanas de nitidez pueden realmente marcar la diferencia, y me obsesioné con aprender a organizarme para aprovecharlas bien. Ahora que soy capaz de entender mejor lo cronológico, vivo mis días a contrarreloj en sentido literal, ya que mi forma de medir el paso del tiempo es con un cronómetro que programo en cuenta atrás. La medicación me facilita ver algunas cosas con claridad, pero tanta nitidez me abruma y por eso opté por medicarme moderadamente por las mañanas, dedicándolas a la productividad y reservar las tardes a la creatividad, el trabajo *de no pensar* o el descanso.

Maniobras de visibilidad

Identificar o detectar el TDAH en plena adultez tan solo es una fase del largo proceso de deconstrucción y recomposición que conlleva un diagnóstico tardío. Como todo punto de inflexión, el diagnóstico está situado entre dos curvas, la previa y la posterior, y los meses que siguieron a la confirmación de mi TDAH, diagnóstico mediante, fueron tanto o más convulsos que la crisis que la precedió. Me cuesta recordar todo aquello, primero porque no ubico bien las fechas y segundo porque he preferido olvidar el abandono que experimenté mientras daba mis primeros pasos como persona oficialmente trastornada.

Al poco de abrir mi taller, abril de 2019, recibí la visita de la periodista y locutora de radio Maialen Otermin, quien se interesó por mi proyecto a través de las redes sociales. Una cosa llevó a la otra, y acabamos grabando la primera entrevista en la que hablo abiertamente sobre mi TDAH. Para quien se anime con el euskera, el programa está todavía disponible en *streaming*, aunque se puede hacer un breve resumen. Me gusta pensar que la entrevista sentó las bases de este ensayo, ya que estuvimos charlando sobre las penurias económicas por las que estaba pasando —en inglés se refieren a estos apuros económicos como *ADHD taxes* o impuestos TDAH—, de las artes plásticas como bote salvavidas y también de la aparición en escena de *no-se-qué Russell* como impulsor del diagnóstico que acababa de obtener. Expliqué lo difícil que me resultaba a veces explicarme y perdí el hilo en varias ocasiones: «¿Cuál era la pregunta? Ah sí, el documental de Daniel Johnston. Te cuento…». No había escuchado la entrevista desde entonces, y al refrescarla para redactar estas líneas me ha impactado lo coherente del discurso y la calma que proyecta. Doy por hecho que llevaba un guion de los temas a tratar, porque en los 25 minutos que estuvimos charlando me dio tiempo a advertir también de la peligrosa combinación que suponen el TDAH con el alcohol y las drogas, de la baja autoestima, el *people plea-sing* y el sentido del humor como vía de escape y mecanismo compensatorio —en inglés, *coping mechanism*— de las penurias. También lamenté las consecuencias sociales, familiares y económicas que provoca el trastorno, tanto antes como después de ser detectado.

Aparecer en la radio al poco de ser diagnosticado estuvo bien porque ahí queda el testimonio, pero como maniobra comercial no sirvió de mucho. A los dos o tres meses de acumular deuda con un proyecto que nunca terminó de funcionar, me animé a escribir un relato corto para seguir narrando este viaje. Lo envié a la sección de cartas al lector del suplemento dominical *XL Semanal* y al poco tiempo el texto fue publicado como *carta de la semana*. Solo habían pasado seis meses desde mi diagnóstico y el cartero del pueblo ya pasaba por mi taller a entregarme el bolígrafo Mont Blanc que premiaba «esa hermosa historia de autoconocimiento con final solidario y feliz», que es como describieron la carta en el suplemento dominical. El relato fue acortado, supongo que por razones de maquetación, así que lo comparto aquí en su extensión original.

Cuídate, chaval.

Desde que tengo uso de razón fantaseo con visitarme en el futuro. Hoy la perspectiva es otra: ¿cómo sería una hora a solas con este niño? No debe ser fácil viajar a través de tiempo y espacio para toparse —toparme— echando la siesta en el suelo de un estudio de arte. Habré imaginado cientos de encuentros. Ninguno se aproxima. En silencio, rodeado de obra inacabada, herramientas, botes de pintura, pinceles… Menudo susto.

¿Cuánto tiempo llevas ahí de pie? ¿Dibujamos algo juntos? Conozco la respuesta. Pongo *Wish You Were Here* de Pink Floyd; un vinilo de mi —nuestro— padre. Sonaba en casa los domingos por la mañana, así que intuyo que le hará sentir cómodo. Tenemos ese LP grabado a fuego en el cerebro. Por cierto… deja que te cuente por qué el tuyo es diferente.

Mira: los cerebros tienen una corteza (como las naranjas). La nuestra no se ha desarrollado bien. La parte de la frente, entre otras cosas, es la encargada de inhibir impulsos. Nuestro inhibidor de impulsos es perezoso, amigo.

Cuando seas mayor alguien pondrá nombre a esta anomalía y dirán que tenemos TDAH (Trastorno por Déficit de Atención e Hiperactividad). Bajo la luz roja del laboratorio de revelado le explico que los obstáculos superados le llevarán a ser cada vez más luchador y resolutivo.

Le ahorro detalles traumáticos. ¿Cómo advertirle de que la vida compulsiva, desafiante y temeraria que le espera pondrá en riesgo su existencia unas cuantas veces?

En los tres cuartos de hora que dura el disco hemos podido serigrafiar una camiseta con un dibujo hecho por los dos. También sabía que te la llevarías puesta. Gracias por la visita, chaval.

Cuídate mucho.

Hoy entiendo que lo que pretendía con estas apariciones puntuales en radio y prensa era seguir dejando un rastro de migas de pan, y que se premiara este relato me hizo recordar el trofeo de guiñol que me entregaron de chaval. Compartí ilusionado el enlace al texto en mis redes sociales, y no recibir apenas *feedback* por parte del que se suponía que era mi círculo social prediagnóstico fue la confirmación de que a mi lado solo quedaba la familia, parte de la cual se mostró bastante disgustada porque aireara mis chaladuras de una manera tan pública y notoria. Otra de las cosas buenas que me ha traído trabajar en este ensayo es que ahora puedo hablar abiertamente de mi salud mental con las personas que me importan, en especial, con la familia.

Quiero pensar que quienes se molestaron porque hiciera pública mi situación entenderán que sienta la necesidad de seguir dándole visibilidad, aunque reconozco que uno de mis mayores temores con la publicación de este libro es volver a ser criticado por personas que me importan y a las que quiero. Pase lo que pase, entiendo que esta visibilización es importante y, por mucho que me cueste hacerlo, me siento obligado a contar por lo que he pasado y cómo lo estoy viviendo.

DE REPENTE, UN VIRUS

Los vaivenes de mi primer año como diagnosticado fueron un paseo por el parque comparado con los dos siguientes. Animado por la publicación de mi carta en el suplemento dominical, rellené un formulario *online* y logré colar mi iniciativa entre una docena larga de propuestas con trasfondo social seleccionadas por la Fundación Goteo y la Diputación Foral de Gipuzkoa para una campaña de *crowdfundig* gracias a la cual pude seguir intentándolo un tiempo más. Me tienta ser más específico con los detalles a golpe de copia-pega, pero como sigue activa la página que se utilizó para promocionar la iniciativa, con fotos del local y textos explicativos de cosecha propia, no veo la necesidad. Buscando en Google «Goteo Estudio GauGau» se puede acceder fácilmente a los detalles del proyecto para quien los quiera consultar. No se dio mal la cosa.

Aunque la mía no fue la propuesta que más recaudó, sí que fue la que contó un mayor número de mecenas, para quienes no encuentro suficientes palabras de agradecimiento. Explicado brevemente, el plan consistía en dedicar un mínimo de quinientas horas a colaborar organizando talleres de artesanía y procesos creativos con asociaciones implicadas en cuestiones de salud mental, discapacidades, pacientes oncológicos, tercera edad y colectivos en riesgo de exclusión social. En una primera fase, entre enero y junio de 2020, se probaría el formato, y después se trasladaría la actividad al taller, pero con la irrupción del SARS-Cov2 no quedó más remedio que cambiar de tercio. Me tomé muy en serio llevar el proyecto a buen puerto a pesar de las circunstancias, y entre la documentación que invade mi escritorio tengo el último de los protocolos covid que redacté: cuatro páginas repletas de medidas preventivas que fui revisando a medida que las autoridades suavizaban las restricciones. Hay una revisión de julio de 2020, otras dos en enero de 2021 y dos más en febrero del mismo año, que fue cuando tuve que cerrar las puertas. Esto quiere decir que tuve mi taller abierto al público durante algo más de dos años con una pandemia de por medio. Toda esta dedicación me permitió trasladar mis talleres de forma segura a varios centros de día de la asociación Agifes, que trabaja para personas con problemas de salud mental, y esta labor me abrió a su vez las puertas de otras entidades como la Fundación San Rafael, que cuida de un grupo de internas invidentes muy majas con las que sigo realizando talleres de vez en cuando.

En junio de 2020, la propia Diputación Foral me invitó a participar en una rueda de prensa para animar a que otros proyectos se presentaran a una nueva convocatoria de *crowdfundings*. La rueda de prensa, que también está disponible en *streaming*, es un buen ejemplo de cómo se ve el TDAH cuando se descontrola a causa de los nervios. Se me ve muy inquieto y sobrepasado por la situación, en constante movimiento y tomando notas sin parar. Es un documento interesante, donde algunas partes del final tienen el audio convenientemente silenciado porque se ve que solté alguna burrada que por suerte editaron después. Las caras del resto de participantes son bastante expresivas; afortunadamente, no recuerdo lo que dije. Bendita mala memoria. Una noticia en el periódico resume discretamente esta rueda de prensa en la que destaca que defendí la necesidad de «seguir fomentando las relaciones entre las personas».

APARICIONES RECIENTES

Hace justo un año, cuando pensaba que había encontrado el local idóneo para retomar mi actividad, invité a un periodista del periódico local *Noticias de Gipuzkoa* a venir a verlo y charlar de mi situación y mis proyectos, entre ellos, este libro. El artículo «Cuando el día a día es un reto», —Néstor Rodríguez, agosto de 2022—, sigue disponible en la versión *online* del citado diario.[9] Néstor tuvo que acercarse varios días a entrevistarme, y este es un buen momento para agradecer su esfuerzo. No debe ser fácil redactar una doble página como la que se publicó cuando la materia prima son hora y pico de grabaciones que saltan de un tema a otro sin aparente orden ni concierto.

Para esta entrevista, aquí viene lo destacable, mi única condición fue que no se me reconociera en la foto que la ilustra. Me interesaba, me sigue interesando, mantener mi vida privada separada del activismo relacionado con el TDAH y la salud mental, visibilizando el trastorno y las complicaciones que conlleva por encima de mis anécdotas personales. Tengo cientos de ellas. Algunas son muy graciosas, otras son vivencias más dramáticas, pero creo que no le interesan a nadie. Al menos no como para dejar constancia de estas por escrito. No me avergüenza tener TDAH, igual que no me avergüenza ser asmático o miope, pero no quiero hacer del trastorno o la doble excepcionalidad mi bandera.

Cerrando el ciclo de maniobras de *salida del neuroarmario*, en julio de 2023 tenía lugar la última de mis intervenciones públicas hasta la fecha. Con motivo de la coincidencia de los días internacional del TDAH y del rock, la periodista Maialen Otermin contactaba conmigo nuevamente para invitarme a hablar sobre estas dos cuestiones para el programa *Baipasa* de EiTB. Trabajar en este ensayo me ha vuelto más consciente de cómo desatan las entrevistas presenciales mi impulsividad verbal, cosa que no me gusta nada, pero como Maialen Otermin fue la primera persona en interesarse por las actividades de mi taller antes incluso del *crowdfunding* y la pandemia, no supe decirle que no a una segunda entrevista.

---

[9] Rodríguez, Néstor. «Cuando el día a día es un reto». Noticias de Gipuzkoa, 21 de agosto de 2022. https://www.noticiasdegipuzkoa.eus/sociedad/2022/08/21/dia-dia-reto-5932357.html.

Llegar a los estudios de EiTB en transporte público desde mi pueblo no es precisamente fácil. Cada hora pasa un autobús hacia allí, y la idea de perderlo disparó mi ansiedad. En la parada, revisé el guion con las preguntas. Una de las tres canciones sobre las que tenía pensado hablar era *Freedom '90* de George Michael, y vi que apuntaron *Freedom* de Wham! Como Michael fue la mitad del dúo Wham, tampoco le di importancia. «Serán parecidas», pensé. Una vez sentado en el bus, comprobé que son canciones distintas y empezaron los nervios de verdad. Llegué puntual a la entrevista, pedí una Coca-Cola, que tendría que haber sido una tila, y empezamos un poco más tarde de lo previsto, lo que empeoró la situación un poco más.

Con la intención de aprovechar el incidente para explicar la forma en que mi cerebro gestiona estos imprevistos quise hablar sobre el asunto *en plan bien*, pero estaba demasiado nervioso. Me preocupé de que mi gestualidad y expresiones faciales fueran las correctas, y sé que ni Maialen ni la compañera que redactó el guion se sintieron intimidadas porque sonreían mientras comentábamos el lapsus, pero del volumen y el tono de mi voz se podría interpretar que estoy molesto. Esto me pasa muchas veces, y por eso creo que estamos ante una grabación que ayuda a comprender que el lenguaje del TDAH se descontrola cuando la impulsividad se hace con los mandos. El lenguaje gestual en situaciones de crisis es tanto o más importante como el verbal, pero esto en la radio no se aprecia y el tono general de la grabación denota *cabreo* cuando lo único que tengo es una pequeña crisis de ansiedad que se me pasará en cuanto termine la entrevista.

Acepté ser entrevistado por alguien de confianza en un programa de verano en euskera para ponerme a prueba sin exponerme demasiado. Si tengo que puntuar mi intervención, me pondría un 4. Sin embargo, como ejemplo de la DMN desbocada que se describe en capítulos anteriores, estamos ante un documento de 10. Grabamos tres cuartos de hora de

conversación, de los que apenas se editaron 25 minutos apro-
vechables para el *streaming*, y supongo que sigue disponible para
quien se anime con el monólogo en euskera de alguien con el
TDAH disparado.

LA MENTE ESPIRAL

Actualmente, buscar en Google «pensamiento asociativo TDAH» arroja algunos resultados muy recientes, cosa que no pasaba cuando empecé a documentarme para dar forma a este capítulo. Lo tomaremos como una señal de que el interés por todo lo relacionado con el TDAH no para de crecer. Si preguntamos al buscador en inglés, *associative thinking ADHD*, veo que a lo largo de 2023 han aparecido también nuevas referencias, y que sigue destacando el mismo breve artículo que me llamó la atención en un principio.

Noelle Matteson, la autora del texto, es una chica de Seattle prácticamente desconocida con la que me siento muy vinculado porque intuyo que tenemos un TDAH similar. Según he podido averiguar, Noelle es una investigadora muy inquieta. Por lo visto es experta en Shakespeare. Además, ha escrito un libro sobre los *Freedom Riders* de Alabama; grupos mixtos de estudiantes que a principios de los sesenta abordaban los autobuses en protesta por la segregación racial. En 2019, esta persona fue bastante activa participando en blogs y podcasts para visibilizar su TDAH recién descubierto a edad adulta, y seguiría yéndome por las ramas si no viniera con la intención de explicar cómo influye en el TDAH esto que en adelante llamaremos pensamiento asociativo.

Por terminar de cuadrar paralelismos, en julio de 2019 el suplemento *XLSemanal* publicaba el relato corto a través del que empecé a visibilizar activamente mi TDAH. Ese mismo mes, Noelle compartía interesantes reflexiones en un blog sobre salud mental, poniendo palabras muy precisas a una forma de presentar ideas y pensamientos de la que soy consciente desde que tengo uso de razón. Desde bien joven he sabido que no todo el mundo razona de la misma forma que hago yo, y para tratar de explicarlo siempre he utilizado el término «pensar en espiral», que es algo que condiciona mi forma de hablar y mi comportamiento. Para mí fue todo un hallazgo dar con el artículo en el que Matheson habla de esto mismo. «Pensamiento asociativo con TDAH. ¿Qué es? ¿Cómo se siente?» es una lectura que recomiendo como aperitivo o postre de este capítulo.[10]

Podría trazarse una línea recta entre las palabras de Noelle Matteson, que dice saltar «de un pensamiento a otro —y a otro— en una rápida sucesión» y los aforismos hipocráticos de la Grecia clásica que describieron «almas que saltan de una impresión a otra», y diría que ambas observaciones describen la esencia misma de la hiperactividad mental. Saltar como una ardilla de una rama a otra sin tiempo para desarrollar los pensamientos para poder expresarlos o llevarlos a cabo.

CONVERGENTE VS. DIVERGENTE

En el campo de la neurociencia, la forma de razonamiento que rastrea múltiples opciones para una misma situación es lo que se conoce como pensamiento divergente —o pensamiento lateral—, que es una característica muy estudiada a la hora de explicar las particularidades cognitivas de personas con oficios relacionados con la creatividad, el arte o la

---

[10] «Associative Thinking with ADHD: What Is It? How Does It Feel? | HealthyPlace». Mental Health Support, Resources & Information | HealthyPlace. Consultado el 1 de febrero de 2024.

improvisación. De otra parte, lo *normal* es que, por una cuestión práctica de supervivencia, el cerebro esté programado para pensar de forma convergente.

Divergente, convergente... son palabras que a la mayoría no nos dicen mucho, y por eso entiendo que es fundamental el aporte de Noelle Matheson cuando habla del pensamiento asociativo. Las diferencias entre ambas formas de razonamiento se pueden explicar a través de un ejemplo un poco simplista. Por una cuestión de rapidez y *economía mental*, al cerebro le interesa tomar atajos a la hora de resolver problemas, expresarse o realizar tareas. Ante un ejercicio que requiera completar la secuencia «do, re, mi, fa, sol...», lo más práctico será descartar todas las opciones que casen con la palabra «sol» antes de facilitar una respuesta que complete la secuencia. Con base en el aprendizaje de experiencias previas, el pensamiento convergente —que involucra la lógica por encima de la creatividad— propondrá «la, si y do» como solución al acertijo, mientras que el pensamiento divergente aportará soluciones espontáneas e impredecibles: «Do, re, mi, fa, sol, playa, bañador, tapones para los oídos». Aunque el ejemplo sea una exageración, nos puede servir.

Entiendo que si no se llama *pensamiento asociativo* a la forma en que conectan ideas y pensamientos algunos cerebros con TDAH es porque habrá quien diga, y no le faltará razón, que la secuencia de notas musicales tiene más de asociativo que la que se propone en el ejemplo del sol, la playa y los tapones. De ahí que quiera aclarar estos matices antes de entrar de lleno en el asunto.

Tirando de este hilo de las diferencias a la hora de razonar, encontraremos que tampoco es del todo cierto que Noelle Matheson fuese la primera en darse cuenta de que las personas con TDAH, o al menos buena parte del colectivo, presentemos unas dinámicas cerebrales diferentes a las de la mayoría cuando se trata de relacionar ideas y conceptos. En su artículo «Imaginación desinhibida: creatividad en adultos con TDAH», de 2006, Holly White —siendo especialista en cognición de la Universidad de Memphis, Tennessee— destacaba que el TDAH puede ir asociado a «importantes beneficios creativos»[11], al tiempo que concluía que las dificultades que se presentan a la hora de inhibir ideas y pensamientos pueden interferir en el correcto desarrollo de ese pensamiento práctico que propone «do, re, mi, fa, sol, la, si, do» como única respuesta válida.

Coincido con la doctora White en responsabilizar al pensamiento asociativo tanto de las virtudes como de las limitaciones del TDAH. En el terreno de las artes y la creatividad, esta forma de pensar tiene buena acogida. Si la cosa va de organizar una fiesta de cumpleaños irrepetible, escribir un cuento original o sacarse de la manga combinaciones culinarias sorprendentes, relacionar conceptos de forma inesperada se considera una virtud. Las conversaciones amenas, los juegos de palabras ingeniosos y el sentido del humor —tanto el absurdo como el inteligente— son el reflejo de la cara más amable de esta forma de procesar la información, pero veo que se repara poco en la cruz.

El pensamiento asociativo condiciona mi personalidad y mi forma de relacionarme. Además, surge cuando menos se le espera. Una persona me está hablando, relaciono conceptos a toda velocidad y si no interrumpo la conversación para soltar mi ocurrencia tal y como llega, cuando sea mi turno de palabra habré olvidado la secuencia que me llevó a pensar lo que quería decir. A veces se trata de una buena aportación y otras es una absurdez, por lo que interrumpir conversaciones es una costumbre —más bien una necesidad— muy irritante de mi TDAH sobre la que he trabajado mucho. Sigo haciéndolo más de lo que me gustaría, pero es que esa es mi forma de pensar y conversar. Lo

---

11 White, Holly A. y Priti Shah. «Uninhibited imaginations: Creativity in adults with Attention-Deficit/Hyperactivity Disorder». *Personality and Individual Differences* 40, n.º 6 (abril de 2006): 1121–31. https://doi.org/10.1016/j.paid.2005.11.007.

peor es que como me tengo que concentrar tanto para mantener una narrativa lineal, no soporto perder el hilo si me interrumpen. Esto de interrumpir constantemente y desesperarse con las interrupciones ajenas son dos rasgos muy extendidos en quienes tenemos TDAH. A mí me pasa todo el rato. Me voy por las ramas cuando hablo y pierdo el hilo cuando escucho.

Estas interferencias del pensamiento asociativo en las habilidades comunicativas dan lugar a lo que se conoce como *narrativa TDAH o ADHD Storytelling*. Muchas familias que lo tengan en casa lo reconocerán en la forma en que niños, niñas y adolescentes con TDAH narran sus andanzas. Pues en el caso de los adultos es lo mismo, solo que se intenta enmascarar o disimular. Si estoy cansado, nervioso o si algo me emociona, bajo la guardia, pierdo la *concentración narrativa* y la desinhibición hace que me acabe desorientado en mi propio relato. Una vez comenté con una amiga que tengo demasiada imaginación y su respuesta fue: «Demasiada imaginación y muy poca modestia».

¿Por qué dar por hecho que la imaginación desmedida es siempre beneficiosa? Para una persona con TDAH que piense *en espiral*, esta no es una decisión voluntaria. Aunque por estadística de vez en cuando surja algo brillante, cuando los pensamientos saltan de una liana a otra lo habitual es llegar a lugares que no tienen nada que ver con el destino programado, por lo que me atrevería a decir que, en estos casos, la mayor parte del tiempo el trabajo del cerebro consiste en tratar de rescatar las buenas ideas de un flujo constante de simples ocurrencias y ruido mental.

Buscando las conexiones entre pensamiento asociativo y TDAH en relación con el modo introspectivo o *DMN siempre en marcha* mencionada en capítulos anteriores, lo que más se aproxima de entre todas mis consultas es un trabajo muy reciente de Roger E. Beaty que lleva por título «El pensamiento asociativo en el centro de la creatividad», de mayo de 2023. En dicho informe, este profesor de la Universidad de Pensilvania —que también es investigador en el laboratorio de neurociencia cognitiva de la misma— habla de muchas cosas, pero no menciona el TDAH por ninguna parte. Hace más de diez años, en 2014, otro trabajo del mismo especialista definía las conexiones entre la red neuronal por defecto o DMN y pensamiento asociativo, y la verdad es que asomarse a los vínculos entre tales evidencias y el TDAH sin llegar a cuajarlo en una conclusión es de las cosas más frustrantes a las que me he enfrentado en este trabajo. ¡Qué rabia no poder darle carpetazo cuando las piezas van encajando!

En su artículo sobre el TDAH y el pensamiento asociativo, Noelle Matheson afirma que solo bajo los efectos de la medicación se ve capaz de articular sus textos sin irse por las ramas. Si un cerebro no es capaz de silenciar el modo introspectivo, dispone de tantas respuestas para un mismo planteamiento que entra en un estado que se conoce como parálisis de elección o parálisis de análisis, que lo bloquea igual que cuando nos quedamos en blanco ante un menú del día con diez opciones para el primer plato, diez para el segundo y cuatro postres. Con esto no quiero decir que quienes llevamos instalado de serie un *software* de pensamiento divergente o asociativo no podamos llegar a la conclusión de que la solución al acertijo anterior es «do, re, mi, fa, sol, la, si, do», ni que una persona que normalmente presenta un razonamiento lineal no pueda ser imaginativa si se lo propone. El gesto de detenerse, sujetar la barbilla y alzar la mirada hacia el infinito para pensar o imaginar es el gesto por excelencia que enciende la red neuronal introspectiva o DMN, que no es, ni mucho menos, un modo exclusivo de quienes tenemos *demasiada imaginación*. Podría decirse que la diferencia es que en el caso del TDAH este rastreo es el modo habitual, y que cuesta tanto esfuerzo apagarlo o ignorarlo para pensar en el «do, re, mi, fa, sol, la, si, do» como a una persona poco creativa activarlo para ofrecer una respuesta imaginativa.

Memoria de trabajo

Entre mis meteduras de pata estrella de estos casi dos años jugando a ser escritor está la de tratar de reubicar párrafos importantes y que se esfumen en el transcurso de la jugada. El ritual del *copia-pega* no tiene mucho misterio; tan solo hay que seleccionar el pasaje a trasladar, reservarlo en el portapapeles y reubicarlo donde haga falta. Algo que no sabía y que he aprendido a la fuerza es que cuando el cerebro aporta ideas, ocurrencias y asociaciones de forma permanente, el noble arte del *copypaste* supone una maniobra arriesgada. Puede ocurrir, y me ha pasado varias veces, que la secuencia se vea interrumpida con cualquier mínima distracción externa o interna, cosa que, como ya sabemos a estas alturas, pasa a menudo si se tiene TDAH. Si en el transcurso de tan delicada operación de traslado de textos uno se distrae, es posible que no culmine la tarea, perdiéndose la información a reubicar. Seguramente los párrafos extraviados no se echen de menos hasta un tiempo después de haberlos intentado mover, como también pueden caer en el olvido. Ojalá me estuviera inventando esto a modo de introducción, pero uno de estos pasajes que me está tocando reescribir se refiere a la memoria de trabajo, que es otra de las funciones cognitivas que parece que se ven afectadas con el TDAH.

Para entender qué es esto de la memoria de trabajo hay que remontarse a mediados del siglo pasado, cuando el especialista en psicología cognitiva George Miller, que además era profesor en Harvard, cuantificó para la memoria a corto plazo del ser humano una variabilidad de 7 ± 2 elementos. Llegó a esta conclusión a través de sencillas pruebas basadas en el procesamiento de imágenes y sonidos, y publicó sus conclusiones en 1956 bajo el título «El número mágico 7 ± 2: algunos límites en nuestra capacidad para procesar información». Ni este hombre descubrió una cifra con poderes sobrenaturales ni la mal llamada Ley de Miller es una ley física constante y demostrable, pero desde hace casi setenta años la aproximación conocida como *número mágico de Miller* se suele dar por buena y se toma como punto de partida de experimentos posteriores. Unos veinte años después de las indagaciones de George Miller, el dúo británico de investigadores formado por Baddeley y Hitch establecerá los fundamentos que definen la memoria de trabajo, entendida como aquella memoria a corto plazo empleada en la realización de una tarea que requiera el manejo de varios elementos. Dicho en otras palabras, la revisión de Baddeley y Hitch traslada el número mágico de Miller al plano de las funciones ejecutivas para averiguar si además de retener secuencias de 7 ± 2 elementos en la memoria, somos capaces de ejecutarlas en forma de instrucciones. Parece ser que sí.

Al haber varias partes del cerebro implicadas en el funcionamiento de la memoria de trabajo me ha costado entenderlo en términos neurocientíficos. Según las conclusiones de Baddeley y Hitch, los desarrollos visoespaciales se procesan entre los lóbulos occipital y parietal, mientras que el bucle fonológico se ubicaría en el lóbulo temporal del hemisferio izquierdo. El área prefrontal, ese *director de orquesta* que se supone que no rinde del todo bien en el TDAH, sería una de las regiones encargadas de coordinar todos estos *inputs* para poner en marcha las secuencias que completan una tarea de varios pasos. Contado así parece un trabalenguas, y por eso es más fácil explicar las interferencias en la memoria de trabajo a través de ejemplos cotidianos. Queremos hacer un bizcocho consultando la receta en el móvil. «Pesar 250 g de harina de repostería. Precalentar el horno a 200 °C…». Mientras pesamos la harina, un pitido nos avisa de que ha saltado en la pantalla una notificación de Facebook. Esto nos traslada a otro escenario mental, de modo que cuando el cerebro vuelve a lo que estaba, la memoria de trabajo se ha ido al traste. Ahora corremos el riesgo de pesar 200 g de harina y poner el horno a 250 °C, y conviene asegurarse reiniciando la secuencia. «Pesar 250 g de harina de repostería. Precalentar el horno a…».

El informe de julio de 2023 de la UNESCO apunta al uso inapropiado de las nuevas tecnologías como peligrosas fuentes de distracción, señalando que puede llevar hasta veinte minutos retomar la concentración sobre una tarea que ha sido interrumpida por atender al móvil cuando no toca. La incontinencia mental que caracteriza al TDAH es comparable a estar recibiendo notificaciones constantes, solo que estas llegan de lo que vemos y oímos, así como del permanente aporte de ideas y pensamientos que van surgiendo a borbotones en el transcurso de la tarea.

La dificultad de este ejemplo puede incrementarse añadiendo más elementos de distracción a causa de tener una DMN basal introspectiva en permanente *runrún* o la impulsividad. A mitad de camino se nos ocurre que al bizcocho le irían bien unos trozos de chocolate. Basta con pensarlo, ni siquiera hace falta dejar de pesar ingredientes para comprobar si la tableta que teníamos al fondo del armario sigue ahí. Pensar en esa nueva variable, o dejar lo que se estaba haciendo para rebuscar en el armario y salir de dudas interrumpirá una vez más la cadena de la memoria de trabajo. Vuelta a empezar. «Pesar 250 g de harina de repostería. Precalentar el horno a…».

Tener un cerebro tan susceptible a las distracciones explicaría que en el TDAH la memoria de trabajo sea mucho más frágil e inconsistente de lo habitual. No es que encadenar 7±2 elementos para realizar una tarea sea imposible, pero al haber un mayor riesgo de que los pensamientos se vayan por las ramas, no dejar las cosas a medias requiere de una mayor concentración. Si se tiene TDAH, hay más probabilidades de olvidar la sartén sobre la vitrocerámica encendida, dejar las llaves puestas por fuera de la puerta, salir a comprar papel higiénico y volver con todo menos eso o de quedarse frente al espejo sin tener la seguridad de si esa mañana se ha tomado o no la medicación que favorece prestar atención a dichos procesos.

Ser creativo todo el rato no es bueno para la salud mental, y resulta difícil hacerse entender o culminar tareas sin interrupciones. El pensamiento asociativo obstaculiza las secuencias de la memoria de trabajo a la mínima de cambio, y cualquier función ejecutiva —hacer cosas, hablar, escribir— puede verse boicoteada por pensamientos que enmarañan el proceso más sencillo. Lo he vivido en primera persona cada minuto que le he dedicado a este ensayo, y también es algo que he resuelto medianamente reservando las mañanas a las labores de redacción como son escribir, revisar y reubicar párrafos, y las tardes a investigar, reflexionar y apuntar a mano ideas sueltas en cuadernos, pizarras y pósit que tengo repartidos por toda la casa. El problema viene cuando al día siguiente soy incapaz de descifrar muchas de estas anotaciones, escritas de forma automática y con una caligrafía que me cuesta reconocer como propia. Si averiguo lo que pone no suele ser mejor. Comprendo las asociaciones a las que remiten mis apuntes, pero me da pereza desarrollarlas. O simplemente, no vienen a cuento.

CHRISTINE Y SUS CUCHARAS

Cambiamos de tercio, pero no mucho. Para explicarle a una amiga las dificultades de vivir con lupus y síndrome de fatiga crónica, Christine Miserandino —otra bloguera— se hizo valer de un manojo de cucharas. Según se puede leer en el relato que le dio fama, han pasado más de dos décadas desde que Miserandino pusiera sobre la mesa doce cucharas con la intención de ejemplificar el gasto extra de energía que supone lidiar con uno o varios problemas de salud sobre los que la sociedad general no tiene mucho conocimiento.

Las cucharas de Miserandino simbolizan la cantidad de energía que tenemos para pasar el día. Empleamos nuestras cucharas como moneda de cambio para cualquier cosa que requiera de cierta dedicación, y las recuperamos con el descanso. Invertimos cucharas en trabajar, pero también en el ocio, el autocuidado o la vida social y familiar. Con la metáfora de las cucharas, Miscrandino hace ver a su amiga que donde otras personas invierten una cuchara en prepararse para salir a trabajar, Christine gasta algunas más en función de cómo arranque el día, ya que los síntomas del lupus no se presentan siempre con igual intensidad, con lo que cada amanecer es impredecible. Una de las manifestaciones de esta enfermedad son dolores que van y vienen; si a Christine ese día le duelen las manos, tendrá limitadas las opciones de vestuario. Los días de dolor articular intenso, los botones quedan descartados, y resolver estas cuestiones supone un gasto extra de cucharas. Si no estaba previsto y ese mediodía tiene una reunión importante, puede ser que le toque planchar una blusa sin botones, y que este retraso le haga perder el metro, con lo que se consumirán algunas cucharas más. ¿Cómo explicar esta sucesión de trabas si se llega tarde al trabajo? Teniendo también en cuenta que se gastan cucharas en gestionar la ansiedad y las frustraciones generadas por acumulación de imprevistos, todo esto va afectando a su estado de ánimo.

Al inicio de cada jornada Miserandino dispone del mismo número de cucharas que su amiga, pero invierte cantidades indeterminadas de energía en salvar los obstáculos que suponen sus dolencias. En un día en el que todo fluya se verá capaz de sacar adelante lo más urgente, pero en este *modo de supervivencia* la reserva de cucharas se agota a media tarde, quedándose sin fuerzas para otras cuestiones como puedan ser las tareas del hogar o la vida social. Al no disponer de una barra de energía en la frente que indique las cucharas que nos quedan o que estamos consumiendo en salir del paso, la peor parte es que estaríamos hablando de esfuerzos inapreciables por quienes desconozcan los condicionantes que los requieren.

«Vivir sin tener que descartar opciones limitantes —lamenta Christine— es un lujo que las personas sanas dan por hecho». Veinte años después de que Miserandino compartiera el símil de las cucharas a través de su blog butyoudontlooksick. com —peronoparecesenferma.com—, el concepto de las cucharas se ha integrado en el lenguaje de la comunidad *online* TDAH, donde es habitual dar con frases como «no consigo reunir las cucharas suficientes para...» o «aprovechando que me quedan un par de cucharas...».

Pequeñas tormentas perfectas

En relación con la batalla diaria del TDAH contra esa fatiga mental que se instala a media tarde y a la que parece que no hay forma de darle la vuelta, numerosos artículos citan el estudio llevado a cabo hace más de treinta años por el psiquiatra y neurobiólogo británico Alan J. Zametkin, quien determinó ciertas diferencias metabólicas en los cerebros con dicho trastorno. No hay estudio libre de polémica en torno al TDAH, pero las conclusiones de Zametkin revelan que el consumo de glucosa de un cerebro adulto con TDAH —y, por tanto, su rendimiento— es alrededor de un 8 % menor que el de otros cerebros con un desarrollo neurotípico. Que estas diferencias se acusen especialmente en las áreas prefrontales hace que todo cobre más sentido y me invita a seguir apostando por las diferencias en la corteza prefrontal como principal fuente de mis desórdenes. Según lo anterior, este menor rendimiento en la corteza haría que una persona con TDAH tuviera que hacer mayores esfuerzos para evitar despistarse en el transcurso de una tarea o moderar comportamientos impulsivos y *malas formas* cuando se baja la guardia por cansancio, enfado o frustración. Claro que una persona con TDAH es capaz de centrar la atención o inhibir impulsos. Puede hacerse y se hace, pero son capacidades que dependen de la reserva de cucharas.

La mejor forma que encuentro para ejemplificar cómo afecta la fatiga mental a la memoria de trabajo es describiendo la tarea que más veces habré realizado en el ejercicio de mi profesión: recolectar el cupón precinto de cada medicamento que se dispensa con receta. El ritual del coleccionista de códigos de barras empieza accediendo al programa pasando la tarjeta sanitaria por el lector, y concluye cuando el precinto se pega en la hoja correspondiente. Cuando se accede a la medicación del paciente, lo primero es comprobar que tiene disponible lo que necesita y que figura en el stock de la farmacia. Lo siguiente es ir a buscar el medicamento. De vuelta en el mostrador, otro elemento de estos 7±2 pasos de la dispensación consiste —o así debería ser— en asegurarse de que la persona que retira el medicamento sabe cómo lo debe emplear y conservar. Para esto basta con un hacer un par de preguntas mientras se busca el cúter. Asegurados estos pasos, ya podemos escanear el cupón precinto y registrar la dispensación. Ya solo queda recortar el código de barras y pegarlo con cinta adhesiva en la hoja junto al resto de cupones.

En el transcurso de esta tarea, se hace uso también de lo que entendemos normalmente por memoria, como pueda ser recordar las aplicaciones del principio activo por si nos preguntan, o advertir que el colirio que se está dispensando caduca al mes de ser desprecintado, por poner un ejemplo. Se pueden tener en la cabeza cientos de nombres de medicamentos, así como sus ubicaciones, utilidades y condiciones de conservación, pero no es esa la memoria que describe el *número mágico de Miller*. Una cosa es la forma en que accedemos a nuestros conocimientos y otra la ejecución de la tarea.

Si metemos en una coctelera las cucharas de energía de Christine Miserandino, los estudios metabólicos de Alan J. Zametkin y el número mágico 7±2 de Miller, el combinado resultante podría explicar que hasta que fui consciente de que mi memoria de trabajo requiere un plus de concentración para no dejar las tareas a medio terminar, la mayoría de las veces que se ha extraviado un cupón precinto en las farmacias donde he trabajado haya sido cosa mía. Antes del diagnóstico ignoraba que cojeo de esa pata; confiaba en que no cometería errores en algo cotidiano, por lo que en el mostrador era mucho más parlanchín que ahora. Con tanta cháchara, raro era el día que no me dejara algún precinto sin cortar.

Por muchas veces que haya repetido esta microliturgia en mi vida, ahora soy más consciente de cómo puede verse interrumpida por cualquier elemento ajeno a la misma, y me he pasado al bando contrario. Ahora me concentro tanto en este tipo de tareas que trabajar bordeando el hiperfoco me ha vuelto mucho más serio; es como si no encontrara un término medio entre las dos formas de hacer. No es que sea muy recomendable ponerse demasiado serio cuando se está de cara al público y, como alguna vez me han llegado a preguntar si estoy enfadado por algo, trato de enmascarar esa concentración rellenando los silencios incómodos sin irme demasiado por las ramas. Que si vaya tarde más mala, que cómo se ha puesto a llover, o qué bien va este año la Real Sociedad en la Champions. Todos estos mecanismos para guardar las apariencias también consumen recursos. Si se pierde la concentración, peligra el resultado, y concentrarse con TDAH, cansa más. Se puede lograr, pero dijo Zametkin que cuesta más, y por estar más pendiente de dar un buen servicio que del coleccionismo de cupones, es posible que la *Operación Cupón Precinto* se vaya al traste.

También he notado que, una vez realizada la tarea, con el cupón precinto asegurado, las funciones ejecutivas se dan por satisfechas y bajan la guardia. Perfectamente puedo cortocircuitar y despedirme con un sonoro «¡Hola buenas tardes!» o equivocarme al cobrar. Alguna vez me ha pasado, por ejemplo, que en lugar de leer el importe de la dispensación he cobrado la cifra que indicaba el reloj del ordenador. «Son 18,45 euros, por favor», cuando en realidad son las siete menos cuarto. En una de las farmacias donde he trabajado descubrieron algo que no sabía: cuando cobro con tarjeta, a veces cruzo los decimales por error. Si el ticket dice 3,64, yo marco 3,46 euros. Cuando me lo dijeron por primera vez me molestó un poco que me llamaran la atención por unos céntimos. «Lo siento, en adelante seré más cuidadoso».

Por agotamiento, las inconsistencias en la memoria de trabajo me asaltan sobre todo hacia última hora de la tarde, o si hay mucho barullo. El repaso exhaustivo y diario que hacían en este establecimiento de cada recibo me puso sobre la pista de pequeños repuntes de dislexia que protagonizo después de situaciones mentalmente exigentes o confusas, y el fatídico «que no se vuelva a repetir» puede ser motivo suficiente para tener una discusión en el trabajo que aparentemente surge de la nada. Pongo estos ejemplos porque son los que he vivido de primera mano. En otras profesiones, los problemas relacionados con una frágil memoria de trabajo serán otros, como olvidarse de cerrar la puerta de la cámara frigorífica, meter al horno una masa de pan sin levadura o lanzar al mar varias líneas de pesca sin cebo en el anzuelo. Estos deslices tendrán sus reprimendas, y las reprimendas su reacción aparentemente desmedida y fuera de lugar. No es una cuestión de orgullo, sino de más bien una sensibilidad a flor de piel por acumulación de incidentes de este tipo, tanto dentro como fuera del trabajo.

BAJA REVOLUCIÓN

En 1997, el actor Daniel Day-Lewis anuncia por primera vez su intención de desvincularse de la industria del cine. Mi TDAH presenta una memoria a largo plazo caprichosa, y esta noticia la tengo grabada a fuego. Me pilló retomando las clases de Farmacia tras el intento fallido de matricularme en Bellas Artes y, por el motivo que sea, recuerdo empatizar con la postura del actor. Quién sabe si este acontecimiento no se añadiría como incentivo subliminal a las razones que me llevaron a trasladar mi expediente académico para mudarme a terminar la carrera en Santiago de Compostela.

ESCLAVOS Y VÍCTIMAS DE LA PERFECCIÓN

La popularidad de Day-Lewis, que ya contaba con un Óscar por su papel en *Mi pie izquierdo*, incrementó a raíz de su participación en la película *En el nombre del padre*, por la que sería nuevamente nominado a los premios de la Academia. Después de aquello, nada más terminar de rodar *El boxeador*, el intérprete anuncia que lo deja por un tiempo. ¿Será la crisis de los cuarenta? Cuesta creer que un actor en racha decida apartarse de la industria que le proporciona riqueza, reconocimiento y fama, pero así es. En realidad, no se desvinculará de la industria del cine hasta mucho después, pero lo cierto es que se le conoce tanto por los trabajos que acepta como por los que rechaza. Se dice que podría haber sido Aragorn en *El señor de los anillos*, y también que sonaba su nombre para encarnar al Vincent Vega de *Pulp Fiction*.

Tras un parón de cinco años, Day-Lewis volverá al cine convencido por Scorsese para interpretar a Bill *the Butcher*, el carnicero cojo, tuerto y de rasgos psicopáticos de la superproducción *Gangs of New York*; un rodaje difícil que afianza su fama de actor de método, polémico y perfeccionista hasta la médula. Por su historial da la impresión de que el actor necesite descansar de sí mismo —o reencontrarse— haciendo elipsis de cinco años en los que, como mucho, acepta participar en papeles menos exigentes. En 2007 se hace con una segunda estatuilla interpretado a un magnate del petróleo sin escrúpulos en *Pozos de ambición*, y cinco años después, en 2012, su papel de Lincoln en la película homónima de Spielberg le convierte en el único actor de la historia con tres premios de la Academia como protagonista, palmarés igualado por Frances McDormand —también lleva tres— y Katherine Hepburn con cuatro galardones, aunque no todos como protagonista.

La tormentosa trayectoria interpretativa de Daniel Day-Lewis se remonta a los inicios de su carrera, cuando en 1989 protagonizó un sonado incidente quedando paralizado en pleno *Hamlet* sobre las tablas del National Theatre de Londres. Casi treinta años después de aquel episodio, una entrevista para *W Magazine* recoge interesantes reflexiones acerca del que sería, presuntamente, su último papel: un modisto de alta costura de los años cincuenta para el que se preparó a conciencia. *El hilo invisible* de Paul Thomas Anderson —de 2017, otra vez los cinco años—, es «una historia íntima de un hombre y su obsesión con el proceso creativo».

«Antes de rodar la película —dice Day-Lewis— no sabía que dejaría de actuar», y al término de esta se sintió abrumado «por una sensación de tristeza» que le «pilló por sorpresa»; una especie de bloqueo por el trabajo bien hecho y un síndrome del nido vacío en toda regla con el que, asegura, le cuesta lidiar. La meticulosidad y rigor con que prepara sus papeles es tan exhaustiva que esta hambre por lo impecable consume todas sus energías. También las de quienes le rodean, ya que no es ningún secreto que Daniel Day-Lewis traslada a los sets de rodaje la intensidad que reflejan sus interpretaciones. Se dice que trabajar con él es una experiencia intensa que bordea lo traumático. Por otra parte, que su palmarés y una legión de *fans* avalen la obsesiva metodología y pasión desmedida con las que ejerce hacen de este un caso realmente complejo y lleno de matices.

Desconozco si Day-Lewis tiene diagnosticado algún otro problema de salud mental aparte de la ansiedad y la depresión de las que habla sin tapujos, pero le siento muy cercano por la naturalidad con la que asimila sus demonios. No solo me veo reflejado en ese perfeccionismo enfermizo, sino que parece ser un rasgo que compartimos muchas de las personas que tenemos TDAH, y estas son asociaciones que me remiten a uno de los libros que más veces habré leído y subrayado desde que empecé a experimentar con los procesos artesanales. *El artesano* es un denso ensayo en el que el sociólogo estadounidense Richard Sennett habla largo y tendido sobre las luces y sombras de «la habilidad de hacer las cosas bien y [...] lograr un trabajo bien hecho por la simple satisfacción de conseguirlo».

Por si presentar unos niveles desproporcionados de autoexigencia no fuese suficientemente problemático a nivel personal, sobra decir que trasladarlos al entorno cercano puede ser —y es— altamente perjudicial. Puede ser que, en un determinado contexto, un actor triplemente oscarizado se pueda permitir perder las formas y pegar cuatro voces antes de abandonar de un portazo su puesto de trabajo. Siendo un comportamiento igualmente inaceptable, que los papeles los pierda un ciudadano de a pie en el entorno laboral, sentimental, afectivo o familiar, acarrea, como es lógico, mayores consecuencias.

El TDAH va asociado a un fuerte componente de impulsividad, y esto incluye la impulsividad verbal. Paradójicamente, en situaciones de tensión y estrés, como una discusión, un cerebro con TDAH, al menos ese es mi caso, razona y argumenta con mayor facilidad. El problema es que en estas situaciones se producen arranques donde se suprime cualquier tipo de compostura, y ya no importa si se tiene razón en parte o en todo, porque esta se pierde por las formas. No hace falta que estos episodios se produzcan a menudo, basta con perder los papeles en dos o tres situaciones para que, independientemente de los actos, se juzgue a quien está atravesando uno de estos berrinches con base en lo que se dice y la forma en que se dice, por encima de lo que se hace o se ha hecho. Sin lugar a duda, estas rabietas están entre las principales asignaturas pendientes de las personalidades que confiere el TDAH, sobre todo si este está pendiente de diagnóstico. El pez del TDAH suele morir por la boca, y son esas *malas formas* las que dejan un registro, algunas veces en el sentido más literal. En una ocasión, en el trabajo, por poner un ejemplo doloroso y lamentable, llegaron a grabarme una de estas rabietas para utilizarla como prueba si hiciera falta.

Pero mejor volvamos al caso Day-Lewis. Buscando alguna referencia en castellano de su retirada progresiva, el artículo más antiguo que he encontrado al respecto es de 1999 y lleva por título «Day-Lewis, aprendiz de zapatero». En sus líneas se explica cómo el actor pasaba largas temporadas en Florencia aprendiendo el oficio en el obrador del prestigioso —y prematuramente fallecido— maestro zapatero Stefano Bremer. En 1999 yo ya revoloteaba por la Facultad de Farmacia de Santiago de Compostela, y recuerdo esta actualización en el caso Day-Lewis con un sentimiento muy parecido a cuando te alegras por alguien al tiempo que sientes cierta envidia. Salvando las distancias con el actor, me consta que comparto con él esta dependencia hacia el trabajo meticuloso, y sospecho que ambos hemos encontrado en los procesos artesanales una forma calmada de dar rienda suelta a nuestras inseguridades, siendo estrictos con nuestros avances en el contexto de una disciplina artesanal disfrazada de afición.

En la intimidad del taller, ser el crítico más despiadado con mi trabajo me ayuda a identificar y moderar estas actitudes cuando van dirigidas a otras personas, al tiempo que encuentro una buena forma de trabajar la tolerancia a la frustración. Nada peor que ser perfeccionista sin tener la capacidad o conocimiento necesarios para hacerlo todo perfecto, y pocos lugares mejores que un taller aficionado de manualidades para asimilar esas carencias. Casualmente, o no tan casualmente, con el paso del tiempo he tenido la suerte de que se hayan cruzado en mi camino los procesos artesanales, que veo como una buena forma de identificar y encauzar ese perfeccionismo desmedido que diría que nace de los complejos y el miedo a afrontar la crítica externa. Los cambios que experimenté al entrar en contacto con la artesanía me fueron poniendo sobre la pista de que tenía un problema de autoestima que me obligaba a buscar el perfeccionismo sin tener la capacidad de alcanzarlo, y estoy convencido de que este fue uno de los factores que me encaminaron hacia el diagnóstico y el autoconocimiento, ya que primero vino la artesanía y poco después las pruebas que confirmaron mi TDAH.

Puertas al campo

Lo que le sentó bien a mi cerebro cuando me inicié en la serigrafía fue que, al ser todo *sota-caballo-rey*, cada etapa del proceso es una pequeña cura de humildad en lo que a las capacidades se refiere. Lejos de poder hacer lo que a uno le dé la gana, es la propia técnica la que obliga, así que toca aprender. En la fase de revelado, o cuando hay que secar tintas al calor, es fundamental manejarse bien con los tiempos. Más de cinco minutos en la mesa de revelado pueden arruinar un diseño, mientras que olvidar una camiseta en el horno donde se curan las tintas gratinará días de trabajo y dedicación. Todo esto supone un entrenamiento interesante para ejercitar la agnosia cronológica y la memoria de trabajo con sus dichosos 7±2 elementos. Por otro lado, hay que ser previsor y planificar bien las cosas. Antes de ponerse con los revelados de las pantallas conviene extender de víspera la emulsión fotosensible que las recubre, para que estas reposen, como mínimo, toda la noche. La artesanía es mano de santo para combatir la impaciencia; ya no cabe *quererlo todo para ayer*. En un taller así, ni valen las prisas ni es bueno dormirse en los laureles. Igualmente importante es tenerlo todo limpio y ordenado, que es la parte que me trae de cabeza. Tanto dentro como fuera del taller, con el orden llevo una lucha diaria muy característica del TDAH. La distribución de las herramientas y la superficie de trabajo no son la misma para imprimir un azulejo o unas bolsas de tela que para serigrafiar un cartel encajando varios colores, y a las dos o tres sesiones entendí que llevaba media vida utilizando mi cerebro sin establecer unos límites y un orden mínimamente necesarios. Pienso que fueron estas imposiciones técnicas las que me pusieron sobre la pista de que había muchas cosas que no hacía como las hace la mayoría, y que me quedaba mucho por aprender.

Al trabajar de forma artesanal caí también en la cuenta de que a costa del *time blindness* y las ganas de participar en propuestas culturales, llevaba media vida regalando mi tiempo como creador digital a cambio de un *salario emocional*, una visibilidad y una integración que nunca llegaron. Llevo a mis espaldas cientos de diseños para anunciar conciertos, eventos, así como bocetos encargados —y descartados— por grupos musicales que me gustaban, incluso que me siguen gustando a pesar del desencuentro. Carteles, *flyers* y demás material promocional a coste cero, con muchas horas nocturnas de vuelo a cambio de, como mucho, un par de entradas con sus respectivas cervezas. Los trabajos más elaborados, que también han resultado ser los más frustrantes, lucen en mi pasillo debidamente enmarcados para recordarme que no vuelva a caer en esa dinámica de agasajar en busca de reconocimiento, que es una estrategia que remite directamente al *pebbling* explicado unos capítulos atrás.

A diferencia del diseño digital, donde la cosa va de estirar durante horas el hiperfoco frente al ordenador hasta dar por terminado un archivo digital de unos pocos miles de bytes, la artesanía me obliga a trabajar por fases marcándome pequeños objetivos hasta crear un producto acabado físicamente palpable. Con este cambio de tercio hacia lo tangible, ahora mi creatividad depende de los materiales y el presupuesto de los que disponga, pero, sobre todo, del tiempo que pueda dedicar a cada fase del proceso.

Hoy entiendo las artes digitales y plásticas como formas antagónicas de abordar los procesos de creación, donde una carece de límites y la otra ata en corto la creatividad. Mi equipamiento es tan rudimentario que dispongo de *muy pocas opciones en el menú*, así que la parálisis de elección se reduce a niveles mínimos. Trabajo con lo que hay, y con esta capacidad de producción tan limitada he aprendido a decir que no a según qué encargos, haciendo valer mi trabajo y estableciendo límites. Decir «lo siento, pero este encargo no puedo hacerlo» fue toda una novedad para mí; ahí radica parte de la terapia. Ser consciente de que algunas cosas están fuera de mi alcance me enseñó a establecer igualmente líneas rojas fuera del taller.

En vista de los beneficios que me aporta trabajar la creatividad abordada desde las artes plásticas, ya he explicado que traté de llevarlo más allá montando mi propio taller abierto al público. Los precios abusivos de una ciudad como San Sebastián —que parece que se esté transformando en un parque temático hostelero— me privaron de intentar siquiera gestionar algo así en la capital. El mercado inmobiliario decidió por mí, así que tampoco la parálisis de análisis tuvo opciones esta vez, y con mi escueto presupuesto solo pude probar suerte adecentando un local en el pueblo donde resido.

Sin ser la maniobra demasiado hábil en lo comercial, romper vínculos con la ciudad redujo mi ansiedad a niveles sorprendentes. Ubicar mi proyecto cerca de casa me alejó del ruido de la capital y de una vida social que realmente no lo era. Por razones económicas, pero también por desencanto, dejé de trasnochar, incluso de acudir a conciertos con regularidad, lo que implica seguir una rutina con horarios relativamente constantes y conocer personas de costumbres que, como yo, llevan una vida rutinaria, que no aburrida. Acostumbrado a vivir en grandes ciudades, no negaré que al principio me vi como el protagonista de *Doctor en Alaska*, pero, en líneas generales, este acercamiento a la vida de pueblo les vino bien a mis desórdenes. Para bien o para mal, siento que aquí se me conoce mejor que en los círculos sociales que frecuentaba en la ciudad. Me siento respetado y querido incluso cuando meto la pata, y en resumidas cuentas, puedo «ser más yo».

La cara B del trabajo creativo

En sus disertaciones en torno a la artesanía, Richard Sennett dedica una treintena larga de páginas a las formas de trabajar que fijan el punto de mira en la excelencia, a expensas de la estabilidad mental en algunos casos. La «energía obsesiva de la que se carga la producción de un objeto —dice Sennett— es un rasgo característico de grandes trabajadores, pero también se corre el riesgo de deformar el carácter, producir fijación y rigidez». Es decir, que quienes tenemos una preocupación constante por trabajar siguiendo métodos que no admitan cabos sueltos corremos el riesgo de comportarnos «como seres aislados de una organización».

En esa línea de perseguir resultados sublimes como única forma válida de realizarse y expresarse, me viene a la cabeza la figura del artista estadounidense Norman Rockwell, uno de los ilustradores más influyentes del siglo pasado, si no el mayor.

Rockwell era un veinteañero cuando debutó en la cubierta del *Saturday Evening Post* en 1916, y aquel óleo titulado *Chico con cochecito de bebé* gustó tanto que le siguieron unas trescientas ilustraciones más en los casi cincuenta años que estuvo trabajando para el semanario. También se movió con soltura en el mundo de la publicidad, y aunque se lo rifaran las grandes marcas como General Motors o McDonald´s —o quizá por eso mismo—, el que probablemente sea el ilustrador estadounidense más reconocible y popular de la historia del arte nunca fue tomado en serio por la crítica. La obsesión por el detalle es apreciable en cada uno de sus lienzos, y ser el autor de piezas icónicas como *La remachadora Rosie* no le libró de sentir que lo que hacía nunca era suficiente. «Jamás seré tan bueno como Rembrandt». «Estoy cansado, pero orgulloso»…

La biografía de Rockwell está plagada de citas con un poso de amarga insatisfacción y complejo de inferioridad, y encontramos en este autor un tipo muy concreto de personalidad en la que el trabajo, como dice Richard Sennett, está impelido por la calidad. «La obsesión por la calidad —revela el sociólogo— es una manera de someter el propio trabajo a la implacable presión general».

Esto de la «implacable presión general» es una importante clave si nos referimos al TDAH, ya que nos ayudará a entender y explicar cómo el perfeccionismo obsesivo proviene a menudo del temor a la crítica o el rechazo. Esta fijación por el detalle, condicionada por la disforia de rechazo o RSD, puede manifestarse en la escuela y el trabajo, pero también salpicar al plano personal, familiar y afectivo, que a diferencia del refugio en la artesanía que se supone que encuentra Daniel Day-Lewis confeccionando zapatos, está en las antípodas de lo terapéutico y es fuente de bloqueos y frustración.

«Con demasiada frecuencia —afirmaba Rockwell— trato de pintar la gran obra, algo serio y colosal que cambiará el mundo. Pero esto es algo que me supera. Está fuera de mi alcance…

aunque jamás cejo en el empeño». Se sabe que buena parte de los ingresos de Norman Rockwell como ilustrador de élite para empresas como Kellog´s iban a parar a la cuenta corriente de Erik Erikson, un psicoanalista cuyo trabajo ahondaba en las crisis de identidad en la infancia y la adolescencia como el origen de los problemas de salud mental e inseguridades de buena parte de la sociedad adulta estadounidense de mediados del siglo pasado, Rockwell incluido.

Según mi experiencia, el afán porque todo sea infalible es una postura altamente incapacitante más próxima al defecto que a la virtud, además de origen de muchas frustraciones. No hay que olvidar que, y en esto hay que insistir mucho, nadie es capaz de hacer las cosas a la perfección. El miedo a someter nuestro trabajo al juicio de terceras personas, ese pavor puro y duro a los episodios de disforia de rechazo, nos impide avanzar, y entiendo ese perfeccionismo como una manifestación de inseguridad muy frecuente en el TDAH. Salvando las distancias, a mí también me da la sensación de que no se me ha tomado en serio, de no haber sido suficiente. «Demasiado farmacéutico para ser bohemio y demasiado disperso para ser boticario». Esto me genera frustraciones que solo soy capaz de resolver a golpe de perfeccionismo. Lo siguiente es preguntarse si las carencias dopamínicas que intuyo que tengo guardarán alguna relación con esto.

AMNESIA DE LOGROS

Que yo sepa, el término *amnesia de logros, success amnesia,* en inglés, aparece por primera vez en junio de 2023 de la mano del *influencer* Jesse J. Anderson, un compañero de trastorno que publicó recientemente su propia guía sobre el TDAH adulto de diagnóstico reciente a la vez que tardío. En relación con esto, tecleando las palabras *Success Amnesia ADHD* en Google, todo lo que podemos encontrar por el momento son los textos de Jesse y un videopodcast —también de este pasado verano—, en el que tres mujeres conversan sobre el término durante casi una hora. Una de ellas afirma que si no da importancia a sus logros es porque siente una especie de repulsión y vergüenza cuando recibe cualquier tipo de halago.

Aunque por el momento no se estén relacionando el TDAH y la amnesia de logros, sí que hay varios artículos que remiten a profesiones frenéticas en las que la inmediatez del siguiente objetivo no deja tiempo para la digestión y asimilación de los logros. Agentes de bolsa, por ejemplo, o mujeres con puestos de relevancia donde la sucesión de logros se da por hecho y va acompañada de una falta de reconocimiento. Es como si a causa de esta búsqueda permanente de la novedad, del siguiente objetivo, a los éxitos no les diera tiempo a dejar un regusto de recompensa.

Más ejemplos de este fenómeno serían quienes sacan siempre buenas notas en la escuela, el instituto o la universidad. Al hacerlo siempre como se espera que lo hagan, la costumbre de ser infalibles hace que estos logros no generen una satisfacción suficiente como para que el éxito deje un poso de recompensa. Si las hipótesis del escaso aprovechamiento de la dopamina están en lo cierto, nada me impide pensar que en el TDAH se den circunstancias similares. Creo que la autoexigencia y los problemas de autoestima combinan peligrosamente con los problemas de memoria a corto y medio plazo, formando un combo que hace que no quede constancia de los logros y se fije la mirada únicamente en lo que ha fallado o en lo que queda por hacer.

En estos casos hay quien aconseja llevar, a título personal, una contabilidad de los pequeños o grandes avances del día a día. No tanto para promover el pavoneo como para que quede constancia de los avances a nivel anímico como recordatorio del progreso y de los esfuerzos de estar mejor que ayer pero peor que mañana. Si en inglés las listas de quehaceres reciben el nombre de *to do list*, la práctica conocida como *Ta-DAH! List* —traducible como Lista ¡Tachán!, como en los trucos de magia—invita a recopilar por escrito cada logro, por pequeño que sea, y así hacer frente a la sensación de fracaso que conlleva no recordar nada que no sea «pintar la gran obra, algo serio y colosal que cambiará el mundo».

Si tuviera una de estas agendas de éxitos, apuntaría en mayúsculas que, a finales de 2020, desesperado por salvar mi proyecto de los estragos de la pandemia, llevé a cabo desde mi taller una campaña navideña muy poco rentable a la que acompañó un encargo tan curioso como accidentado. Mi último trabajo antes de traerme el taller a casa por tercera y última vez fueron unos calendarios artesanales cosidos a mano pieza a pieza para una amiga de Soria que, además de artista, es pitonisa. Como siempre me pasa con estas cosas, el perfeccionismo se comió todos mis beneficios. La minúscula letra de los calendarios me obligó a repetir unas seis o siete veces cada tirada hasta conseguir impresiones de una calidad aceptable.

Para mi sorpresa, toda esta dedicación tuvo una inesperada recompensa. A sabiendas de que una de las copias del calendario había que enviársela a quien dirigía por aquel entonces el Museo de Arte Contemporáneo de Castilla y León —MUSAC—, aproveché para incluir en el envío un trabajo muy personal y cargado de simbolismo. Todavía hoy me cuesta creer que ambas obras fueran donadas al museo por el propio director. A Manoel, que así se llama quien me bautizó oficialmente como artista, le debo que dos de mis trabajos más peculiares formen hoy parte del catálogo de un *museo serio*. De vez en cuando compruebo que todo sigue igual en la web del MUSAC, para la que el equipo de documentación elaboró la ficha técnica que describe con precisión el proceso basado en el ensayo y el error que originó la obra que añadí sin saber muy bien por qué.

Título: CMYKahlo II

El CMYK es un modelo de color sustractivo que se usa en el terreno de la impresión. Su nombre proviene de los cuatro colores principales a partir de los que se construyen todos los demás, Cyan, Magenta, Yellow y Key (negro). Siguiendo este modelo, Guillermo Iraola realiza una prueba de impresión fallida de una serigrafía a cuatro tintas arrugándola y repitiendo el proceso. El resultado es esta maravillosa obra donde nos encontramos dos imágenes mezcladas: Frida Kahlo y Marilyn.

Tengo constancia de que este episodio no lo he soñado o imaginado porque compruebo cada cierto tiempo que el MUSAC no ha retirado estas dos obras de su web. No es algo que comente a menudo, y si lo explico en estas páginas es porque creo que aporta el debido contexto: se supone que la lámina en cuestión es digna de formar parte de su catálogo, pero como autor lo veo excesivo. Es cierto que la pieza cuenta una historia de ensayo, error, aprendizaje, oportunidad y suerte, mucha suerte. No quiero que se me malinterprete. Me enorgullece que una de las láminas que imprimí en mis inicios saliera bastante decente, esperase su turno en el sótano del taller, cayera en manos de quien pensé que la apreciaría y que ahora esté catalogada en un museo con todas las letras. Técnicamente, esta anécdota me convierte en un *artista reconocido*, pero mi cerebro no dejó una marca de satisfacción ni siquiera ante un suceso de semejante calibre. Supongo que cuando recibí la noticia de la mano de mi amiga la pitonisa no se produjo en mi cerebro una fiesta suficiente de neurotransmisores y este episodio quedó sin registrar. Simplemente seguí tachando cosas de mi lista de tareas, que por aquel entonces iban encaminadas a salvar mi desaparecido taller.

EL SÍNDROME DEL IMPOSTOR

De estos veinte meses de escritura se me han hecho especialmente cuesta arriba los ocho de demora con respecto a la fecha de entrega fijada por contrato. Han sido meses de autoexigencia a contrarreloj en los que me he sentido como interpretando la célebre escena de *El resplandor* en la que Wendy Torrance descubre que su esposo se ha pasado toda la película tecleando compulsivamente en su máquina de escribir la misma frase. *All work and no play makes Jack a dull boy*. Muchas veces mi sensación al releer los capítulos antes de enviarlos a revisión es esta misma. En el montaje para castellano, la traducción fue algo libre: «No por mucho madrugar amanece más temprano».

Rodrigo *Dricius* está entre las pocas amistades que conservo de mi época prediagnóstica. Nos conocemos a través de las redes sociales desde antes de mi vuelta a San Sebastián, y es una de las personas con las que más he hablado de mis proyectos, por lo que tiene preparado desde hace años un monólogo que reserva para mi próximo gran anuncio, que espero que sea la presentación de este libro. Según me explicó, se trata de un repaso de los batacazos que me he ido pegando desde que nos conocemos, por lo que el *Show de Dricius* se ha ido actualizando con el paso de los años con nuevos pasajes para cada nuevo fracaso.

Iremos por la quinta o sexta prórroga concedida por la editorial para entregar estos capítulos a revisión. Se supone que tiene que estar para el próximo lunes, pero claro… próximos lunes hay muchos. Como no encuentro la forma de dar cierre a este capítulo, me ha superado la tentación de pedirle a Rodri que lo haga por mí. Transcribo sin contemplaciones su audio de WhatsApp:

Vaya por delante que para mí eres el pionero del concepto de emprendimiento efímero. Una pena que nadie te haya advertido hasta hoy, porque te habría ahorrado muchos disgustos. Si te sirve de consuelo, es una disciplina en la que, voluntaria o involuntariamente, eres un absoluto maestro.

Nuestra relación se remonta a aquel portal tuyo para coordinar trabajo mercenario en farmacias en apuros. Una propuesta fabulosa en la que intentaste morder más de lo que podías masticar. Igual te digo esto un poco tarde, pero una persona sola no puede montar algo así.

Cuando abriste tu taller de serigrafía democrático en el pueblo, la idea era tan bonita que eclipsaba sus nulas posibilidades comerciales. Dominar una disciplina ancestral como la serigrafía mola mucho, pero el problema viene cuando, aparte de ti, nadie tiene un laboratorio de serigrafía en el salón. Si lo que pretendías era ganarte la vida con eso, en el fondo me alegra de que te lo arrebataran para montar una lavandería en su lugar. De todas formas, como heroica acción de emprendimiento efímero, debo aplaudirla.

Sigo sin explicarme que la Diputación Foral te incluyera en el programa de los *crowdfundings*, pero me parece aún más inconcebible haber donado mis dineros para poner en marcha un taller que permaneció cerrado los seis meses que estaba previsto que funcionara. ¿No crees que una pandemia era suficiente señal para que te estuvieras quieto? Qué va... imposible. Ni así dejaste de meterte en cien mil historias. Trabajar en farmacias y que te aplaudieran desde los balcones te sabía a poco y te metiste a organizar talleres de tazas en centros de salud mental y clases de dibujo para señoras invidentes. Bendito coronavirus, todavía tenemos que agradecerle que no abrieras un videoclub, una tienda de vapeadores o que fundaras tu propio medio audiovisual de izquierdas.

No puedo creerme que sigas con lo de la serigrafía. Entiendo que te sientas cómodo en la Fundación San Rafael porque las internas no ven tu deterioro, pero desde la atalaya de los trece puestos de responsabilidad que me has prometido en tus juntas directivas imaginarias, te pido que, como mínimo, reflexiones un poquito antes de emprender. No cuentes hasta diez si no puedes, contar hasta tres sería suficiente.

Por ir terminando, debo destacar dos situaciones en las que tu pasión por el emprendimiento efímero me afectó de manera directa. Cuando en la fiesta de clausura de la Semana de Cine Fantástico y de Terror te encargaste de la música y todos decidimos salir a la calle a tomar el fresco, nos sentó a cuerno quemado que vinieras a la terraza a pastorearnos hacia el interior con muy malas formas. Nos cortaste mucho el rollo. También debo recordarte el rotundo fracaso de la conga en grado de tentativa que intentaste encabezar en el concierto del Grupo Hepta, del que fui cantante y líder. Ni olvido ni perdón, amigo. Ni olvido, ni perdón.

EPÍLOGO: GRUPO SOLEDAD

El piso donde vivo y el local comercial que me hizo las veces de taller están separados por una caminata de aproximadamente diez minutos. Se trata de una zona apartada donde los pabellones que no están abandonados, en venta o alquiler albergan actividades de tipo industrial: una gran nave donde se ensamblan piezas de motor, un almacén de pinturas... ese tipo de cosas. Casi llegando al local donde tuve mi estudio hay un taller mecánico donde reparan automóviles, con un pequeño letrero a la entrada en el que pueden leerse las palabras «Grupo Soledad», que supongo que será el nombre de la empresa. Habré pasado por delante cientos de veces en los últimos años y cada vez que veo ese logotipo rojo y azul me deja un rato pensando en las contradicciones que plantean las palabras «grupo» y «soledad» cuando van juntas.

Documentándome para el capítulo en el que se describe la parte sumergida del TDAH, mi curiosidad se perdió un par de días leyendo todo lo posible sobre icebergs. ¿Es verdad eso de que las aristas que sobresalen del agua representan la octava parte del volumen total? Lo he mirado y la respuesta es que no. Se ve que hay muchos tipos de iceberg, con importantes diferencias en cuanto a su forma y proporciones. Tabulares, de corte en cuña, con dique de agua, con dique seco... cada iceberg es distinto, y con los problemas de salud mental ocurre lo mismo: no hay dos TDAH iguales, porque cada cabeza es un mundo.

Lo siguiente que me trae a la mente este pensamiento asociativo que no me da tregua es que «Grupo Soledad» sería un buen nombre para la *comunidad TDAH*, ya que a excepción de la impulsividad y atención dispersa ocasionales que nos caracterizan, cada cual ha vivido su historia, desarrollando —o no— diversos trastornos comórbidos, así como habilidades para sobrellevarlos y seguir adelante. Con esto quiero decir que, a pesar de que nos unifique compartir algunos rasgos llamativos relativamente fáciles de identificar a nivel superficial, creo que la etiqueta *TDAH* se queda corta y que, como me ha pasado a mí, cada una de las personas afectadas podría necesitar un libro entero para explicarse.

Esto no es un manual de supervivencia

En origen, presenté a la editorial este proyecto como una guía de recursos para personas que, como yo, descubren en plena adultez que llevan toda la vida arrastrando un TDAH sin saberlo. Como me las he arreglado bien en la escuela y en la universidad, y en vista de que el aspecto laboral también lo tengo más o menos controlado, la idea de publicar una guía de iniciación al TDAH de diagnóstico tardío no me pareció fuera de lugar.

Como farmacéutico itinerante y *de repuesto*, que es a lo que me he dedicado casi siempre, llevo más de veinte años incorporándome con soltura a docenas de equipos en farmacias de varias provincias. También he tenido algún trabajo más estable, con contrato indefinido, personas a mi cargo y responsabilidades como la formación de las nuevas incorporaciones. Además, he pasado más de media vida compartiendo piso y cuento una treintena larga de compañeras y compañeros de piso de varias nacionalidades con quienes he convivido en relativa armonía.

Una buena secuela para este libro sería preguntar a todas estas personas cómo se ha vivido la experiencia desde el otro lado, pero tengo la tranquilidad de haberme esforzado en ofrecer siempre mi mejor versión. De esta trayectoria surgió la idea de publicar un libro explicando cómo me las he apañado para llegar a ser lo que se conoce como un *adulto funcional* los años en que mi TDAH estuvo pendiente de diagnóstico, y explicar cómo me las arreglo ahora que soy más consciente de mis limitaciones.

Estudiar a fondo mis desórdenes para este trabajo, sin embargo, me ha hecho ver que apenas estoy en la línea de salida. Ahora que me hago una idea de la forma y dimensiones reales de mi iceberg, me queda la sensación de haber estado toda la vida descifrando las instrucciones para montar una cama de IKEA disponiendo de las piezas y las herramientas para construir un armario de tres puertas. El diagnóstico despeja muchas incógnitas: ahora me explico por qué no era capaz de encontrar el colchón por ninguna parte, y que el enorme tablón que lleva años haciendo de cabecero es en realidad una de las puertas del armario. Añadiendo piezas extra y poniendo las estanterías en paralelo, el resultado se daba un aire a la cama que describe la guía de montaje facilitada en su día, pero claro… las piezas eran de un armario.

Han sido demasiados años tratando de seguir los consejos de personas que construyeron sus camas sin problemas siguiendo las mismas instrucciones. «Pues yo duermo de maravilla, algo estarás haciendo mal». Una vez han aparecido las instrucciones del mueble que llevo media vida intentando construir, las opciones eran dos: la primera, seguir como si nada y buscar un buen colchón para salir del paso; la otra, desmontarlo todo para construir el armario desde cero. Yo opté por la segunda, y cinco años después me veo sin una cama donde dormir y con un armario de tres puertas vacío y voluminoso plantado en mitad del salón. Ahora que he conseguido montar mi armario… ¿Quién me dice que puedo ayudar a otras personas a ensamblar el suyo? ¿Y si no disponen de las mismas piezas que yo?

No soy quién para ofrecer asesoramiento. Estos dos años de investigación, cada vez que he traído a casa un libro de la biblioteca municipal se me ha pasado la fecha de entrega. Esto conlleva una penalización de dos semanas si se quiere retirar otro libro. Los artículos que consulto por internet permanecen abiertos en mi escritorio semanas o meses, el ordenador va más lento y cuando necesito recurrir a la información que busco nunca doy con ella. Demasiadas pestañas abiertas, otro de los distintivos del TDAH. No hablo de doce, veinte o treinta pestañas, hablo de que ahora mismo están en marcha los tres navegadores que tengo instalados, con 71 pestañas desplegadas en Microsoft Edge, que lo uso para buscar información, 17 en Firefox, que utilizo para imprimir *papers* científicos porque es el único que acierto a poner en modo lectura —sin imágenes—, y otras 29 en Google Chrome, que tengo ahí para mis cosas. Aparte de las seis cuentas de correo diferentes, claro, con miles de mensajes sin leer. 738 en una, 2075 en otra, 1413...

Repito a menudo que mi principal descubrimiento a raíz del diagnóstico es la agnosia cronológica o *time blindness* que padezco, una condición que ha mejorado notablemente con algo tan sencillo como hacerme con un reloj digital. Como en el TDAH el móvil representa una poderosa fuente de distracción, me parecía importante aclarar en mis recomendaciones que prefiero un reloj de muñeca a consultar la hora en el móvil. Mi truco para administrar el tiempo consiste en programar un viejo Casio en cuenta atrás para que me avise cada cuarenta minutos. Si pita tres veces significa que han pasado dos horas, y tenía casi un capítulo entero recopilando consejos de este tipo, que son básicamente adaptaciones del popular Método Pomodoro. Para mi sorpresa, enviando estos capítulos de *time management* a una compañera de trastorno descubrí que hay personas con TDAH que no tienen ningún problema con la noción del tiempo, y que había que descartar páginas enteras en las que explico por qué divido la mañana en seis tramos de cuarenta minutos con pequeños descansos entre medias. Cualquier persona con la noción del tiempo en su sitio pensará: «¿qué demonios me cuenta este tío?».

Trabajar en este libro me ha enseñado que ni todo lo que me sucede —bueno o malo— tiene su explicación en el TDAH ni todos los rasgos de mi TDAH son iguales en otras personas con el mismo trastorno, así que uno de mis principales dolores de cabeza ha sido acotar esta lluvia de ideas para decidir cuáles aportan un contexto válido. ¿Páginas enteras que describen circunstancias personales? A la carpeta de *Otros*. ¿Técnicas de estudio que me sirvieron en selectividad y la facultad que han fracasado mientras jugaba a ser escritor? A la *papelera de reciclaje*. ¿Recomendaciones para triunfar en la vida? *Borrar*. Si algo me ha quedado claro es que no soy el *coach* que necesita la comunidad neurodivergente, ni esta la guía definitiva sobre TDAH, las cosas como son.

Cierro el libro con la idea de que me queda mucho por explicar. Todo, en realidad. Echo de menos, por ejemplo, una sección en el que se describa el TDAH desde la perspectiva femenina. Se sabe que los ciclos menstruales y los altibajos hormonales influyen, y mucho, en las manifestaciones del trastorno, pero me he querido limitar a los episodios relacionados con el TDAH que conozco por haberlos vivido en primera persona.

Ejercicio de contención

En su artículo en torno al pensamiento asociativo en relación con el TDAH y los procesos de escritura, Noelle Matheson hace una importante observación cuando asegura sentir que solo es capaz de organizarse para escribir cuando está bajo los efectos de la medicación. No me cuesta reconocer que este libro tampoco habría sido posible sin ayuda del metilfenidato y la cafeína;

moléculas que me han permitido sentarme a escribir durante horas sin irme demasiado por las ramas, para centrarme en explicar generalidades sobre el TDAH por encima de las circunstancias personales que me ha ocasionado padecerlo.

Casi todo lo que cuento en este libro se corresponde a mi faceta pública, y he desechado muchos pasajes que aportarían una idea más precisa de mi situación real. Para hacer entender nuestras rarezas, justificar algunos comportamientos o quién sabe si en busca de empatía, las personas con TDAH tendemos a extendernos en explicaciones sobre todo lo que nos sucede, y me ha llevado más de cuarenta años comprender que no estoy obligado a contextualizar hasta el más mínimo incidente.

Que este libro no sea el *oversharing* definitivo es otro de los objetivos cumplidos. Me quedo con las ganas de ser más específico denunciando situaciones concretas en las que no se me ha puesto nada fácil; señalar a quienes se han aprovechado o incluso han abusado de mí cuando más débil me encontraba anímicamente. Si lo hiciera, me vería también en la obligación de disculparme a continuación por aquellos de mis comportamientos que han molestado y hecho daño a otras personas, así que no era este el lugar para ajustar cuentas. Morderse la lengua no es fácil si se tiene TDAH, y hay que saber cuándo hacerlo. Como dice mi amiga Pili, «habrá que dejar algo para las entrevistas».

Aunque siempre he rechazado la violencia física, mi impulsividad me ha llevado a veces por caminos poco amigables de cara a la galería. La pasión desmedida con la que argumento todo lo que defiendo —tenga o no razón—, las bromas de mal gusto surgidas en el momento menos oportuno o rabietas zanjadas con comentarios fuera de lugar han sido una constante en mi vida. Hasta saber que mi cerebro necesitaba seguir unas pautas de contención, he protagonizado todo tipo de incidentes que me avergüenzan y generan arrepentimiento. No es que una persona con TDAH esté todo el día pegando voces y portazos, pero ayuda mucho ser consciente de que ese *componente visible y ruidoso* representa una punta de iceberg amenazante para los barcos de alrededor. Antes del diagnóstico pensaba que tengo la mecha muy corta sin más. Es la imagen que proyectan ciertas impulsividades verbales, y son precisamente estas actitudes las que generan rechazo y condenan a la marginalidad a quienes nos ponemos cascarrabias o faltones cuando bajamos la guardia. Saber que este comportamiento puede tener una explicación científica ni justifica los incidentes ni elimina de un plumazo sus consecuencias, pero sí que permite tener otros factores en cuenta para tratar de mantenerlos a raya o prevenir su aparición. Cansancio, frustración, enfado, embriaguez... la impulsividad se puede disparar por muchas razones. Sabiéndolo, es más fácil evitar disgustos.

El último verano que pasé sin diagnosticar fue especialmente turbulento. Un domingo al mediodía, en plena resaca, me llegó el mensaje de otra de las pocas amistades que conservo de la época. Nos vimos la noche anterior estando de juerga y no le gustó nada un comentario que hice, así que mi amigo Jon se tomaba la molestia de escribirme para explicar de forma muy específica qué fue lo que le sentó mal. A los dolores de cabeza por los excesos de la víspera se sumó un profundo remordimiento que me hizo sentir terriblemente mal; un malestar que hoy identifico con un episodio de disforia de rechazo o RSD con todas sus letras. Por otro lado, me pareció un bonito gesto que alguien se tomara la molestia de *leerme la cartilla* con intenciones constructivas. No pasa a menudo. Gracias Jon, porque lo normal es hacer la cruz directamente.

No soy partidario de poner la excusa del alcohol como atenuante: «Ya bueno, siento mucho si te molestó, es que bebí más cervezas de la cuenta». ¿Habrá recurso más barato que responsabilizar a una sustancia tóxica de una mala actuación? Si mi amigo tuvo el detalle de ser específico y directo, la disculpa estuvo a la altura, y sé que resultó beneficioso para ambas partes porque lo hemos hablado *a posteriori*. No echar a perder una amistad por un hecho aislado hizo mucho por mi autoestima. «Quizá no sea tan mala persona como dicen quienes me retiran el saludo a la primera de cambio», pensé. Aunque en mi vida me haya tocado pedir muchas veces perdón, diría que esta vez fue la única que he podido disculparme con éxito, entendiendo por esto que la relación se fortalezca o, al menos, que no se resienta y siga su curso. Pedir perdón es, sobre todo, una forma de autocrítica con clara intención de mejorar, mientras que pidiendo explicaciones se muestra un interés por arreglar las cosas. Una disculpa bien argumentada es sanadora y puede salvar una relación, de la misma forma que correr tupidos velos y poner distancia la desgastará hasta desaparecer.

UNA MENTE PRIVILEGIADA

Al final de una de las contadas clases de creatividad para escolares con TDAH que pude celebrar en mi taller, una madre me dijo que lo mejor que tenía el formato que estaba desarrollando es que da esperanza a las familias. Que tuviera fuerza de voluntad para sacar adelante un proyecto tan diferente, un taller aceptablemente ordenado que abría y cerraba con puntualidad, que fuese capaz de organizar sesiones en las que todo salía a pedir de boca y que cada persona que pasaba por allí saliera con ganas de volver a la semana siguiente les hacía creer que su hijo o hija podía aspirar a cualquier cosa que se propusiera en esta vida. Mi amnesia de logros contestó por mí, y le dije que muchas gracias, pero que las apariencias engañan. En los preparativos para una sesión de cuarenta y cinco minutos invertía por lo menos tres horas. Contando la hora extra que me llevaba limpiar y recoger, empleaba entre cuatro y cinco horas en preparar una actividad para dos o tres participantes. Como carezco de noción del tiempo, ni se me pasaba por la cabeza que este derroche de horas fuese insostenible para cualquier modelo de negocio.

No puedo pasar por alto que gracias al apoyo recibido tuve la oportunidad de abrir un taller para llevar mi TDAH a los terrenos donde necesitaba ponerlo a prueba. Si conseguí mantener mis iniciativas a flote durante más de dos años en plena pandemia fue porque pude colgar la bata de farmacéutico una larga temporada gracias al apoyo recibido. Para dedicarle el tiempo necesario a conocer el TDAH ha sido imprescindible el respaldo de los míos y la generosidad de un par de buenas amistades con las que seguiré en deuda incluso cuando les haya devuelto lo prestado.

Aunque no es la primera vez que intento escribir un libro, esta se diferencia de las anteriores en el compromiso que asumí al firmar un contrato editorial. Sin esa presión añadida, dudo que hubiera conseguido terminarlo. Por las habilidades que requiere a nivel mental y organizativo escribir todo un libro, puede dar la impresión de que haya dejado atrás las complicaciones del TDAH o que se me da bien escribir. Incluso que disfruto haciéndolo. La realidad es otra, y la entrega y publicación no se habría retrasado más de un año si cada una de las etapas de su elaboración no se hubiese visto afectada por mis inseguridades y el tira y afloja mantenido con la editorial hasta la víspera misma de enviar los textos a imprenta.

Ojalá pudiera decir que este libro es fruto de una mezcla de trabajo duro y constancia, que lo es, o que lo han hecho posible las altas capacidades que me detectaron a la par que el TDAH. Tampoco es cierto del todo, porque es una oportunidad que responde a un cúmulo casualidades, pero sobre todo de privilegios que no tienen otras personas adultas con TDAH. Poder abordar la asimilación de mi diagnóstico desde una posición segura en lo financiero —no porque sea muy solvente, sino porque he recibido ayuda—, me ha permitido descubrir que el TDAH es mucho más llevadero si se vive con calma. Con la llegada del diagnóstico, todo mi tiempo lo he repartido entre mis proyectos, el trabajo de farmacéutico y el estudio en profundidad del TDAH. Quitarme de encima la ansiedad por presiones sociales o las propias de un sistema en el que me costaba encajar ha sido fundamental, pero el dinero no cae de los árboles, y este viaje tranquilo al centro de mis desórdenes ha salido caro. Desde los préstamos bancarios que formalicé las semanas anterior y posterior al diagnóstico hasta la financiación obtenida por parte de instituciones públicas y privadas o a través de quienes respaldaron mis proyectos vía *crowdfunding*, plantar cara al TDAH habrá tenido un sobrecoste de más de 20 000 euros, y de todos esos aprendizajes nace este libro. *El libro de los cien euros por página*, se podría titular.

A MODO DE CONCLUSIÓN

Por la forma que tengo de entender el mundo que me rodea, se puede interpretar que mis proyectos han fracasado porque vivo ajeno a la realidad. Yo también me he visto muchas veces como un gato que no calcula bien el salto, y hasta hace muy poco pensaba que mi destino era pegarme un leñazo tras otro sin remedio.

Echando la vista atrás, lo que creo ahora es que cuando mi TDAH era un enemigo invisible, estos batacazos me han ido capacitando para plantarle cara, conocerlo a fondo y puede que hasta aprender a llevarme bien con él. Para llevar este trastorno de la mejor forma posible, he apostado por las hipótesis de la gestión defectuosa de la dopamina como explicación más plausible. Por eso me hace efecto la medicación con psicoestimulantes como el metilfenidato. Según parece, a los niveles de dopamina que estoy acostumbrado les falta una pizca para desencadenar sentimientos de recompensa con los pequeños logros cotidianos, así que mi nueva apuesta consiste en sustituir la química tratando de estimular el cerebro a través de actividades que sé que me hacen disfrutar, como escuchar música, que ahora utilizo como herramienta a modo de *premio neuroquímico*.

Si pongo un disco que me gusta después de terminar alguna tarea poco apetecible como tender la ropa o limpiar la cocina, a los pocos minutos me invade una sensación de bienestar que supongo que será la que experimentan tras el deber cumplido las personas con un aprovechamiento normal de la dopamina. De ser así, me impacta haber permanecido ajeno a estas recompensas durante tanto tiempo.

Me gustaría haber compartido otras recomendaciones de *time management* y estrategias motivacionales para cerebros poco dados a la recompensa dopamínica, pero no ha podido ser. Aunque tengo mis recursos, estos no son ni infalibles ni universales. En uno de mis recientes *experimentos neuroquímicos*, por ejemplo, he descubierto que cuando salgo a dar un paseo —aunque sean las once de la noche y no haya un alma circulando por el barrio—, detenerme en los semáforos me provoca un extraño sosiego que relaciono directamente con el acto de degustar la dopamina y otras mieles de la neurotransmisión. Me resulta satisfactorio saber que puedo activar la función ejecutiva del freno y detener la marcha aunque no esté obligado a hacerlo, qué le vamos a hacer. Esperar veinte segundos a que el semáforo se ponga en verde para los peatones, quién lo diría, me aporta paz mental. Es un ejercicio que recomiendo, aunque sea por curiosidad. Se supone que la dopamina fluye cuando hacemos algo que nos gusta o motiva. ¿Me motiva pararme en los semáforos? Pues no, pero sí que me hace sentir bien saber que puedo andar sin prisas.

Lo que moviliza nuestra neuroquímica es personal e intransferible. Otras veces, encender una barrita de incienso después de completar alguna tarea también me aporta esa pequeña propina que hace que mi cerebro se sienta satisfecho. Para gustos, colores, músicas, sabores, olores… a partir de aquí el trabajo es individual. El capacitismo —en inglés, *ableism*— es un fenómeno silenciosamente tóxico del que no se libra nadie. Nos hace creer que las capacidades *del resto* son las mismas que las nuestras. Habría sido un error basar este ensayo en recomendaciones que se ajustan a mis abundancias o carencias, ya que solo serían útiles para quien tenga las mismas aficiones y configuración cerebral que yo. Me cuesta imaginar que algún día esto será un libro en manos de alguien, y si no me veo con la autoridad de dar recomendaciones sobre cómo tomar las riendas del TDAH cuando se desboca es porque, de momento, no es algo que sepa hacer.

Volviendo al tema de los privilegios, como conclusión quiero compartir el trabajo de investigación más sobrecogedor de los que han caído en mis manos, llevado a cabo en 2015 por el profesor en psicología Celestino Rodríguez Pérez, de la Universidad de Oviedo. Se trata de un rastreo que contó con la participaron 143 presos —133 hombres y 10 mujeres— del establecimiento penitenciario de Villabona, en Asturias, de cuyos resultados se extrae una impactante conclusión: la prevalencia del TDAH en la cárcel es cinco veces mayor que en la calle.

Es posible que el profesor Rodríguez se inspirara en análisis globales, como los efectuados un año atrás por la doctora Susan J. Young, forense y profesora del London Imperial College. El trabajo de Young recopila informes de 15 países, España incluida, y arroja el mismo resultado: si en la calle somos una persona con TDAH de cada veinte, en la cárcel las cifras se disparan hasta afectar a una cuarta parte de la población reclusa. Exactamente, a un 25,5 % según el estudio británico y un 26,5 % si atendemos a la estimación de la prevalencia ofrecida desde la Universidad de Oviedo. Son, sin duda, estudios y cifras alarmantes que ponen de manifiesto que el TDAH no solo es real, sino que puede meter en serios aprietos a quienes lo padecemos. Sería interesante averiguar cuántas de estas personas encarceladas descubrieron que tenían TDAH a raíz de participar en dichos estudios.

Después de haberme zambullido durante unos dos años en el estudio del TDAH, he aprendido que tras una vida entera justificándome y lamentándome por actos impulsivos y despistes, estos pueden tener su explicación más allá de «perder las formas» o «no esforzarse lo suficiente». Disponer de todo un libro para contar cómo se vive el TDAH *desde dentro* era una oportunidad que no podía dejar escapar, y someter mis desórdenes a observación durante un par de años para resumirlo en forma de libro ha sido para mí un lujo. De este trabajo solo espero que ayude a otras personas a poner nombre a sus desarreglos para entenderlos mejor, y que así puedan hacerse entender. Que las explicaciones se tomen por excusas ya no depende de mí.

BIBLIOGRAFÍA

Baddeley, Alan D. y Graham J. Hitch. «Developments in the concept of working memory». *Neuropsychology* 8, n.º 4 (1994): 485–93. https://doi.org/10.1037/0894-4105.8.4.485.

Barkley, Russell A. «The Relevance of the Still Lectures to Attention-Deficit/Hyperactivity Disorder». *Journal of Attention Disorders* 10, n.º 2 (noviembre de 2006): 137–40. https://doi.org/10.1177/1087054706288111.

Beaty, Roger E., Mathias Benedek, Robin W. Wilkins, Emanuel Jauk, Andreas Fink, Paul J. Silvia, Donald A. Hodges, Karl Koschutnig y Aljoscha C. Neubauer. «Creativity and the default network: A functional connectivity analysis of the creative brain at rest». *Neuropsychologia* 64 (noviembre de 2014): 92–98. https://doi.org/10.1016/j.neuropsychologia.2014.09.019.

Berntson, G. G., & Cacioppo, J. T. (Eds.). *Handbook of Neuroscience for the Behavioral Sciences*, Volume 2 (Vol. 2). John Wiley & Sons, 2009. https://doi.org/10.1002/9780470478509

Biederman, Joseph *et al.* «Influence of Gender on Attention Deficit Hyperactivity Disorder in Children Referred to a Psychiatric Clinic». *American Journal of Psychiatry* 159, n.º 1 (enero de 2002): 36–42. https://doi.org/10.1176/appi.ajp.159.1.36.

Danek, A. «Hypermetamorphosis». *Der Nervenarzt* 78, n.º 3 (marzo de 2007): 342–48. https://doi.org/10.1007/s00115-006-2171-2.

Ding, Yuan-Chun *et al.* «Evidence of positive selection acting at the human dopamine receptor D4 gene locus». *Proceedings of the National Academy of Sciences* 99, n.º 1 (26 de diciembre de 2001): 309–14. https://doi.org/10.1073/pnas.012464099.

Ding, Qiliang *et al.* «Neanderthal Origin of the Haplotypes Carrying the Functional Variant Val92Met in the MC1R in Modern Humans». *Molecular Biology and Evolution* 31, n.º 8 (10 de junio de 2014): 1994–2003. https://doi.org/10.1093/molbev/msu180.

Eisenberg, Dan TA *et al.* «Dopamine receptor genetic polymorphisms and body composition in undernourished pastoralists: An exploration of nutrition indices among nomadic and recently settled Ariaal men of northern Kenya». *BMC Evolutionary Biology* 8, n.º 1 (2008): 173. https://doi.org/10.1186/1471-2148-8-173.

Faraone, Stephen V. *et al.* «Molecular Genetics of Attention-Deficit/Hyperactivity Disorder». *Biological Psychiatry* 57, n.º 11 (junio de 2005): 1313–23. https://doi.org/10.1016/j.biopsych.2004.11.024.

Heal, David J., Sharon L. Smith, Jane Gosden y David J. Nutt. «Amphetamine, past and present – a pharmacological and clinical perspective». *Journal of Psychopharmacology* 27, n.º 6 (28 de marzo de 2013): 479–96. https://doi.org/10.1177/0269881113482532.

LaHoste, G J et al. «Dopamine D4 receptor gene polymorphism is associated with attention deficit hyperactivity disorder». *Molecular psychiatry* vol. 1,2 (1996): 121-4.

Palaniyappan, Lena *et al.* «Reduced Prefrontal Gyrification in Carriers of the Dopamine D4 Receptor 7-Repeat Allele With Attention Deficit/Hyperactivity Disorder: A Preliminary Report». *Frontiers in Psychiatry* 10 (25 de abril de

2019). https://doi.org/10.3389/fpsyt.2019.00235.

Ptacek, Radek *et al.* «Dopamine D4 receptor gene DRD4 and its association with psychiatric disorders». *Medical Science Monitor* 17, n.º 9 (2011): RA215—RA220. https://doi.org/10.12659/msm.881925.

Qian, Andan *et al.* «Effects of the 2-Repeat Allele of the DRD4 Gene on Neural Networks Associated With the Prefrontal Cortex in Children With ADHD». *Frontiers in Human Neuroscience* 12 (12 de julio de 2018). https://doi.org/10.3389/fnhum.2018.00279.

Raichle, M. E. *et al.* «A default mode of brain function». *Proceedings of the National Academy of Sciences* 98, n.º 2 (16 de enero de 2001): 676–82. https://doi.org/10.1073/pnas.98.2.676.

Rodríguez-Jiménez Caumel, Roberto *et al.* «Validación en población española adulta de la Wender-Utah Rating Scale para la evaluación retrospectiva de trastorno por déficit de atención e hiperactividad en la infancia». *Revista de Neurología* 33, n.º 02 (2001): 138. https://doi.org/10.33588/rn.3302.2001010.

Rothhammer, Paula *et al.* «Variación de alelos del gen receptor de dopamina DRD4 en escolares chilenos de diferente origen étnico y su relación con riesgo de déficit atencional/hiperactividad». *Revista médica de Chile* 140, n.º 10 (octubre de 2012): 1276–81. https://doi.org/10.4067/s0034-98872012001000006.

Shaw, Philip *et al.* «Polymorphisms of the Dopamine D4 Receptor, Clinical Outcome, and Cortical Structure in Attention-Deficit/Hyperactivity Disorder». *Archives of General Psychiatry* 64, n.º 8 (1 de agosto de 2007): 921. https://doi.org/10.1001/archpsyc.64.8.921.

Sonuga-Barke, Edmund J. S. y F. Xavier Castellanos. «Spontaneous attentional fluctuations in impaired states and pathological conditions: A neurobiological hypothesis». *Neuroscience & Biobehavioral Reviews* 31, n.º 7 (enero de 2007):

977–86. https://doi.org/10.1016/j.neubiorev.2007.02.005.

Still, G. F. (1902). «The Goulstonian lectures on some abnormal psychical conditions in children». https://wellcomecollection.org/works/ydzjmfqe/items?canvas=20&query=abnormal+defect&page=4

Weikard M.A. «Der philosophische Arzt. 2», 1775. https://www.digitale-sammlungen.de/en/view/bsb11106138?page=4&q=volubilis

Wilens, Timothy E. *et al.* «Presenting ADHD Symptoms, Subtypes, and Comorbid Disorders in Clinically Referred Adults With ADHD». *Journal of Clinical Psychiatry* 70, n.º 11 (15 de noviembre de 2009): 1557–62. https://doi.org/10.4088/jcp.08m04785pur.

White, Holly A. y Priti Shah. «Uninhibited imaginations: Creativity in adults with Attention-Deficit/Hyperactivity Disorder». *Personality and Individual Differences* 40, n.º 6 (abril de 2006): 1121–31. https://doi.org/10.1016/j.paid.2005.11.007.

Zametkin, Alan J., Thomas E. Nordahl, Michael Gross, A. Catherine King, William E. Semple, Judith Rumsey, Susan Hamburger y Robert M. Cohen. «Cerebral Glucose Metabolism in Adults with Hyperactivity of Childhood Onset». *New England Journal of Medicine* 323, n.º 20 (15 de noviembre de 1990): 1361–66. https://doi.org/10.1056/nejm199011153232001.

En este QR encontrarás *links* que complementan las referencias bibliográficas y otros enlaces de interés

linktr.ee/libro.tdah

Este libro se terminó de imprimir en el mes de febrero de 2024
en Liberdúplex, S.L. (Barcelona).